T0129460

DESCIFRANDO NUESTRO ENTENDIMIENTO A LOS SIETE SELLOS DEL APOCALIPSIS

Una visión apocalíptica de la futura
realidad de la humanidad

DOUGLAS CRUZ

authorHOUSE®

AuthorHouse™
1663 Liberty Drive
Bloomington, IN 47403
www.authorhouse.com
Teléfono: 1 (800) 839-8640

Publicada por AuthorHouse 11/07/2018

ISBN: 978-1-5462-6701-0 (tapa blanda)
ISBN: 978-1-5462-6700-3 (libro electrónico)

Numero de la Libreria del Congreso: 2018913308

AGRADECIMIENTO

Pocos libros, si es que existe alguno, representan el trabajo o pensamientos de solo una persona. Éste no es la excepción. Agradezco a un gran número de escrituras, historiadores, ministros y amigos, de quien he acumulado una gran cantidad de información, material y conocimientos.

Me gustaría expresar mi agradecimiento al Comité Editorial y al personal de impresión de la Prensa Xulon por su contribución para hacer posible este libro. También agradezco al Pastor Scott Bambrough por su estímulo y por darme la oportunidad de presentar este material en forma de un seminario en su congregación.

Agradezco muy en especial a mi esposa, Debi, por sus oraciones, ánimo y paciencia al escribir este manuscrito. A mi preciosa hija, Melissa, ¡quien me ayudó a preparar la presentación en PowerPoint para mi primer seminario de escatología! Agradezco también a mi hermana, Anna E. Cruz, por tomarse el tiempo de sus otras funciones para dedicarlo a su invaluable contribución en ayudarme durante la conformación de este manuscrito. Agradezco especialmente el Traductor Profesional Hugo Plascencia y su asistente Ana Karen Cordova, al traducir este manuscrito de Ingles a español. También agradezco el hijo de uno de mis amigos, Pedro Díaz hijo, por sus impresionables dibujos. A mi congregación local un cordial agradecimiento por sus oraciones y apoyo, con el cual he compartido gran parte de esta información a lo largo de los años.

Y en principal, al Espíritu Santo por su divina iluminación en ayudarme a entender esta visión apocalíptica y porque sin Su inspiración este libro nunca se hubiese producido.

PRÓLOGO

Las personas son criaturas curiosas, así como criaturas de hábito. Cómo será nuestro futuro es una pregunta constante que alimenta la mente, así como el sentido de la aventura. Por qué somos estas criaturas curiosas y cuán importante es el futuro que una gran cantidad de la palabra de Dios está dedicada a eventos futuros, a futuras ramificaciones determinadas por las decisiones presentes y un futuro destino llamado eternidad. La profecía está contenida a lo largo de la Biblia desde el Génesis hasta el Apocalipsis y proviene de diferentes medios como: sueños, visiones, revelaciones divinas y la voz de Dios, etc.

Dios nos ha dado todo esto con el propósito de ayudarnos a estar sobrios, diligentes y preparados.

No solo los que viven en el siglo XXI son curiosos. Créalo o no, los 12 Discípulos de Jesús también eran del tipo curioso, ellos le habían preguntado a Jesús sobre el fin del tiempo, sin embargo, en lugar de corregir su curiosidad el Señor satisfizo su curiosidad en Mateo 24. Junto con la gran cantidad de personas que están intrigadas por el final de los tiempos, existe también bastante material que se ha escrito sobre el tema que puede resultar difícil para alguien descifrar qué libro leer o a qué seminario ir. Así como hay tantos libros sobre el fin de los tiempos, hay también muchos puntos de vista, después de todo por qué escribir un libro si no se tiene luz para plasmar sobre el tema o algo más que agregar a esta cuestión para ayudarnos a entender mejor un tema tan difícil.

Este libro fue escrito por esa misma razón, para ayudarnos a entender mejor el futuro como se nos dio en Apocalipsis y de manera más específica en los 7 sellos. Conozco el autor por más de 22 años y el tema ha sido su pasión por la mayoría de ese tiempo. Ha pasado mucho tiempo estudiando, orando y ayunando sobre este tema estos años.

El autor tiene una gran reverencia por la palabra de Dios y ha tenido mucho cuidado para que la palabra interprete la palabra y que no sea de interpretación personal. El enfoque que el autor ha tenido al explicar el final de los tiempos es muy eficaz para ayudarnos a comprender este tema. Sus explicaciones recaban estos acontecimientos a través de la progresión de la apertura de los 7 sellos.

Como Pastor mayor por 20 años ya, escuchando al autor compartir su corazón sobre este tema, me ha ayudado a recibir una mejor comprensión sobre el fin del tiempo y cómo funciona todo en conjunto. También me ha ayudado a abrir los ojos a la gran cantidad de conexiones que existen entre el mensaje apocalíptico de Apocalipsis y la Biblia desde el principio al fin.

A medida que intenta satisfacer su curiosidad sobre el futuro hágase el hábito de encontrar sus respuestas en la palabra de Dios.

Por el obispo Scott Bambrough
Pastor Mayor de la Iglesia de la Profecía de Dios de Tucson

INTRODUCCIÓN

El Apocalipsis es un libro fascinante y cautivador. Es el último libro de la Biblia, conocido como el Apocalipsis del fin de los tiempos o el último libro. En contraste, Génesis es conocido como el libro del inicio. En Génesis nos encontramos con un río de verdades fundamentales en forma de semilla, que finalmente desemboca en las escrituras para llegar al mar de cumplimiento, el libro del Apocalipsis. La escritura de este libro del Apocalipsis no sólo es fascinante, sino también muy espiritual y misterioso. Está lleno de ciertas figuras retóricas, tales como tipos, símbolos, números, etc., que contienen significados ocultos. Sin embargo, utilizando los principios bíblicos hermenéuticos apropiados y el **método literal** de interpretación, podemos descubrir las verdades divinas latentes en este maravilloso libro.

Otra clave importante que se debe utilizar para desbloquear y descubrir su significado es, estar en el espíritu. Juan el apóstol nos dice que él estaba en el espíritu, en el Día del Señor, cuando recibió esta visión apocalíptica. A menos que hayamos nacido de nuevo, es decir, nacido del espíritu, él o ella nunca sería capaz de comprender este libro espiritual del *Apocalipsis*. Así que, si usted no ha experimentado este nuevo nacimiento espiritual, le aliento a dejar de leer ahora mismo. Después arrodíllese si es posible, pídale a Dios que le perdone de sus pecados e invite a Jesucristo como Señor y Salvador en su vida; *"Porque dice: En tiempo aceptable te he oído, Y en día de salvación te he socorrido. He aquí ahora el tiempo aceptable; he aquí ahora el día de salvación." Corintios 2 6:2*

En primer lugar, debemos entender y estar de acuerdo que Dios es el autor espiritual de las Sagradas Escrituras. Juan recibió esta visión a través de la divina revelación e inspiración. Fue el Espíritu Santo, a través de un ángel, quien reveló a Juan los acontecimientos proféticos que él vio. De igual manera es vital que también estemos llenos de este mismo espíritu, con el fin de entender y recibir la iluminación de esta visión del final de los tiempos.

Además, el libro de **Daniel**, un libro adjunto que se encuentra en el Antiguo Testamento, también se mencionará junto con el libro del **Apocalipsis**. A Daniel también se le presento una visión similar que incluía ciertos detalles que ayudan a aclarar la visión de Juan. Sin embargo, Gabriel (el arcángel) le dijo al Profeta Daniel que sellara las palabras de su visión. Nosotros, la iglesia de los últimos días y generación elegida de creyentes del momento final, nos podemos contar bendecidos de saber que Dios ha reservado la revelación de estas verdades para nuestro día.

El libro de Apocalipsis fue escrito principalmente para la iglesia de los últimos días. Aunque Israel natural se menciona y se trata implícitamente a lo largo de este libro, especialmente en la segunda mitad del período aproximado de siete años, el objetivo principal seguirá siendo con el nuevo Israel espiritual (el judío y gentil iglesia; **Gálatas 6:16**).

Cristo le dijo a John, el apóstol amado, en el primer capítulo que escribiera en un libro los acontecimientos que había visto y lo enviara a las siete iglesias que estaban situadas en Asia menor (**Apocalipsis 1:11, 19**). Además, al llegar a la conclusión de este libro, vemos a Jesús diciéndole una vez más a Juan que diese testimonio de estas cosas en las iglesias (**Apocalipsis 22:16**). La pregunta que debemos hacernos ahora es; "¿Por qué debería John dan testimonio de todos estos acontecimientos a la iglesia, si no iba a estar aquí en la tierra para vivirlas como algunos erróneamente creen y enseñan?" La verdad del asunto es que la iglesia de los últimos días estará aquí para lograrlo y cumplir con los propósitos de Dios, hasta que la arrebaten (rapten) antes de la efusión de la plenitud de la ira de Dios.

Procedamos ahora con el tema en cuestión: Descifrando Nuestro Entendimiento a los Siete Sellos del Apocalipsis. Los siete sellos son básicamente una introducción o Resumen de todos los acontecimientos que van a ocurrir al final de esta edad. Al leer con atención estos siete sellos que se encuentran sobre todo en el capítulo seis, podremos darles un vistazo a los futuros acontecimientos.

Otro hecho interesante que usted notará al leer este libro es que Dios muchas veces utiliza números para ilustrar o representar a las personas, seres, cosas o eventos de gran importancia. Nos encontramos con un número tan excepcional que es el número siete. La importancia de este número, según las escrituras, significa perfección e integridad. Este número siete puede representar bondad perfecta o puede ser representado en un sentido negativo perfecto. Es un número que se utiliza con frecuencia no sólo concurrente dentro de los siete sellos, pero a través del libro del Apocalipsis.

Por favor observe la siguiente lista de ejemplos encontrados en este particular libro que utiliza el número siete; las siete iglesias [*Rev.1:4*]; los siete espíritus [*Rev.1:4*] las siete estrellas y siete candeleros de oro [*Rev.1:20*]; las siete lámparas [*Rev.4:5*]; los siete sellos [*Rev.5:1*]; los siete Ángeles [*Rev.8:6*]; las siete trompetas [*Rev.8:6*]; los siete truenos [*Rev.10:4*]; las siete últimas plagas que son los siete frascos de oro-lleno de la ira de Dios [*Rev.15:1,6-8*]; las siete cabezas y las siete montañas [*Rev.17:9-11*].

Otro número de gran importancia, por el cual debemos preocuparnos es el número tres- años -y medio; las escrituras expresan el número de esta manera, tiempo, tiempos y medio tiempo. El último período de siete años del reinado de la humanidad en la tierra se dividirá en dos segmentos de tres años y medio cada uno.

El primer período de tres años y medio será un tiempo para la iglesia lograr los propósitos de Dios por ser paralelo al Ministerio de su cabeza, Jesucristo (*Efesios 4:11-13)*. El ministerio de Cristo en la tierra duró tres años y medio; por lo tanto, la iglesia tendrá un ministerio y propósito similar de tres años y medio.

Estos efectos incluyen la unificación de todas las verdaderas ovejas (judíos y creyentes gentiles) en un cuerpo de Cristo (*Juan 10:16; 17:23)*; la recolección de los frutos de la cosecha (*Mateo 13:39)*; al cumplir la gran Comisión (*Mateo 28: 18-20)*; Su perfección y liberación final (*Efesios 5:26, 27*).

El otro segmento o periodo de tres años y medio será una época caracterizada por el reinado completo de Satanás a través de su obra maestra bestial, el Anticristo (*Apocalipsis 13:5)*. Dios también continuará o reanudará, durante este mismo tiempo, para enfrentar específicamente a los hijos de Israel (*Apocalipsis 12:13-17)*. Su trato será a través de los ministerios de los dos testigos-profetas (*Apocalipsis 11:3-13)*.

Además, ¡me gustaría compartir una palabra de consejo! Todos los que se esfuerzan por comprender e interpretar estos siete sellos definitivamente tendrán que mantener una actitud de oración y dependencia bajo fundamento de la guía de iluminación del Espíritu Santo. Por favor lean cómo el entendimiento de los discípulos fue desbloqueado en *Lucas 24:45*. Finalmente, recuerde la primera regla de hermenéutica, "la escritura interpreta la escritura" lo cual debe aplicarse a esta visión profética. El Espíritu Santo uso a los hombres para escribir las escrituras. Entonces Él utilizó sus escrituras para escribir más escrituras, por lo tanto, deberíamos utilizar las escrituras para interpretar las escrituras. ¡La Biblia es su mejor comentario propio! Ya que Dios es el autor de la escritura, debemos confiar totalmente en Él para ayudarnos a interpretar y dividir acertadamente estos siete sellos. De lo contrario el resultado de nuestra exposición será una interpretación errónea, una aplicación indebida y una confusión.

Este presentador diligentemente ha intentado disminuir sus comentarios con respecto a ciertos detalles en la explicación de estos eventos escatológicos y en vez de esto ha permitido que las Escrituras hablen por sí mismas. Pero en ciertos casos, sentí la necesidad de elaborar ampliamente en algunos de los eventos, para los propósitos de aclaración. Por otra parte, he escrito este libro cuidadosamente en vista de la precaución que se nos da en *Apocalipsis 22:18, 19 "Yo testifico a todo aquel que oye las palabras de la profecía de este libro: Si alguno añadiere a estas cosas, Dios traerá sobre él las plagas que están escritas en este libro: Y si alguno quitare de las palabras del libro de esta profecía, Dios quitará su parte del libro de la vida y de la Santa ciudad y de las cosas que están escritas en este libro."*

Solo el tiempo dirá si esta exposición está en línea con la tabla de tiempo de eventos de Dios o me equivocado. La versión del Reina Valera (1960) se utilizará al citar el texto.

CAPITULO 1

La llave que abre nuestro entendimiento a los siete sellos

El libro de *Apocalipsis* fue escrito en un orden cronológico. Todos estamos de acuerdo que la secuencia de eventos sigue el curso que su Dios ordenó. Un conjunto de eventos sigue al otro conjunto de eventos. El problema que descubrí con mi lectura anterior y en el estudio de este libro, así como al leer las escrituras (libros, artículos) de otros expositores, fue la siguiente: cuando comencé a leer los primeros cinco capítulos de este libro, todo parece funcionar bien. Pero cuando uno llega a capítulo seis y comienza a leer sobre la mayoría de los siete sellos contenidos en este capítulo, uno comete el error en asumir que estos sellos representan el primer conjunto de sentencias. Después mientras uno lee los otros capítulos, la suposición lógica es que después del juicio de los sellos, seguirán otros conjuntos; tales como el conjunto del juicio de las siete trompetas, seguido por los siete truenos y finalmente las siete últimas plagas.

Tal vez para mi sorpresa, Dios de una manera muy amable, me permitió escaparme de esta errónea suposición al revelarme la llave que abrió mi entendimiento a los siete sellos y al resto del libro del *Apocalipsis*. La simple, pero misteriosa clave es que los siete sellos, como lo mencioné en mi introducción, son una sinopsis o un breve resumen condensado de todos los eventos que se encuentran documentados en los otros capítulos del *Apocalipsis*. La clave o el secreto es saber cuáles eventos nos han documentado en los libros de **Daniel, Apocalipsis** y otros libros del **canon**, pueden estar colocados debajo de cada sello. Usted verá, cada sello particular representa ciertos eventos breves más elaborados y explicados en detalle, en los otros capítulos de *Apocalipsis*, a excepción del primer

1

sello. La mayoría de los detalles de este sello nos los da el Profeta Daniel en su libro.

Como resultado de mucha oración y ayuno, Dios, por Su espíritu, ha iluminado mi comprensión sobre cómo descifrar y colocar, debajo de cada sello, los siguientes eventos y sentencias registradas en Apocalipsis. Un breve ejemplo de lo que hablo es ver el sello número seis. El pasaje de este sello particular se puede encontrar en el capítulo 6 versos 12-17. Pero hay que prestar mucha atención al versículo 14, *"Y el cielo desapareció como un pergamino que se enrolla, y todo monte e isla fueron removidos de su lugar."* Este sello representa el juicio de las últimas siete plagas que se nos registra en los capítulos 16 al 19. A medida que leemos (*Apocalipsis 16:17-21*), descubrirá, en detalles gráficos, por qué las montañas y las islas se mueven de su lugar como resultado de esta séptima última plaga (un gran terremoto). Pero antes de comenzar a descifrar los siete sellos que se explican en los capítulos posteriores de este libro, vamos viendo un sello especial que Dios nos ha reservado.

Según el *Apocalipsis capítulo 7,* Juan nos declara que antes de que Dios empiece a derramar sus juicios sobre la tierra, el mar y la humanidad, enviará a los Ángeles para sellar a Sus siervos, con un sello de protección especial. Todos los que se propugnen a Cristo durante este tiempo, se sellarán. Estos siervos tendrán que pertenecen a la verdadera novia de Cristo, Su iglesia y la comunidad del Nuevo Pacto, conformada por judíos y Gentiles *(1 Corintios 12:13),* para que se incluyan en este número.

Juan fue capaz de contar el número de siervos judíos que ascendió a 144.000; pero cuando él intentó contar el número de siervos Gentiles, la cantidad le fue demasiado grande para contarla; *Apocalipsis 7:9 "Después de esto miré, y vi una gran multitud, que nadie podía contar, de todas las naciones, tribus, pueblos y lenguas, de pie delante del trono y delante del Cordero, vestidos con vestiduras blancas y con palmas en las manos;".* La iglesia de Dios, como lo mencione en mi introducción, todavía estará aquí para lograr y cumplir con el propósito que su Dios le dio, hasta que ella se raptada de este período de tribulación.

PROTECCIÓN
DIVINA

1er SELLO DEL JINETE DEL CABALLO BLANCO

CAPITULO 2

EL PRIMER SELLO

Descifrando el jinete sobre el caballo blanco

Apocalipsis 6:2
"Y miré, y he aquí un caballo blanco: y el que estaba sentado encima de él, tenía un arco; y le fue dada una corona, y salió victorioso, para que también venciese."

El jinete de este caballo blanco será un individuo extraordinario. Un expositor que leí fue más allá como para decir que este jinete representa a nuestro Señor Jesucristo. ¡A este comentario debo disentir! A este jinete se le ve portando una corona, empuñando un arco y conquistando. Pero, por el contrario, cuando Cristo regrese la segunda vez a conquistar a Sus enemigos y a establecer Su reino, obviamente lo vemos usar muchas coronas y empuñando una barra de hierro según a, *Apocalipsis 19:11-16.*

Además, este primer jinete, con los otros jinetes que siguen, simbólicamente son cuatro siniestros jinetes apocalípticos y sus caballos que literalmente traerán engaño, destrucción y muerte a la cuarta parte de la raza humana humanidad. No hay absolutamente nada benevolente sobre este jinete, aunque cabalgue un caballo blanco aparentemente benévolo. ¿Quién es este jinete montando este caballo blanco?

El jinete sobre el caballo blanco representa un líder súper inteligente, político, religioso y militar que, en sus relaciones diplomáticas, utilizará su influencia político-religioso para conquistar, por engaño, las mentes y los corazones de muchas personas; por favor lea *Daniel 11:21-31; 2 Corintios 11:13-15.* Este individuo se presentará a sí mismo a Israel como su tan esperado Mesías. Él hará un tratado de paz o acuerdo de paz con Israel por un período que no durará más de siete años. Después, romperá y detendrá esta alianza de la paz, en algún momento durante la mitad de este período; *Daniel 9:26, 27; Mateo 24:15.*

Este jinete controlará un sistema gubernamental mundial. La satánica y la bestial naturaleza del moderno sistema babilónico de este jinete, llamada la Nueva Orden Mundial se describe claramente en las profecías de la Biblia de los últimos tiempos del fin del mundo.

He aquí está una breve lista de mal comportamiento y práctica de esta persona que continuará o durará por aproximadamente siete años, pero especialmente los últimos tres y años medio de este período; (*Daniel 8:13, 14*) 2,300 días = a un período de 6 años, 3 meses y 3 semanas.

1) El jinete-Anticristo será un dictador feroz y cruel; *"Y al cabo del imperio de éstos, cuando se cumplirán los prevaricadores, levantarse un rey altivo de rostro, y entendido en dudas." Daniel 8:23*

2) El jinete-Anticristo logrará su autoridad con engaños con un pequeño grupo tal como se describe en *Daniel 11:23 "Y después del pacto con él, engañará y subirá, y saldrá vencedor con poca gente."*

3) El jinete-Anticristo llegará al poder del mundo como un hombre de paz; *"Y le sucederá en su lugar un hombre despreciable, al cual no darán la honra del reino; pero vendrá sin aviso y tomará el reino con halagos. Las fuerzas enemigas serán barridas delante de él como con inundación de aguas; serán del todo destruidos, junto con el príncipe del pacto. Y después del pacto con él, engañará y subirá, y saldrá vencedor con poca gente. Estando la provincia en paz y en abundancia......" Daniel 11:21, 24a*

4) La política de economía mundial del jinete-Anticristo causará que muchos prosperen *"Con su sagacidad hará prosperar el engaño en su mano;" Daniel 8: 25a*

5) El jinete-Anticristo usará su poder político para cambiar el tiempo y las leyes; *"Y hablará palabras contra el Altísimo, y a los santos del Altísimo quebrantará, y pensará en mudar los tiempos y la ley: y entregados serán en su mano hasta tiempo, y tiempos, y el medio de un tiempo. (tres años y medio)." Daniel 7:25*

(El énfasis es mío). Lo anormal, perverso, extraño y raro, será el estándar normal en ese día.

6) El jinete-Anticristo declarará la guerra a los santos; *Daniel 7: 25a; 8:12, 24; Apocalipsis 13:7 "AY le fue dado hacer Guerra con los santos y vencerlos: y se le dio poder sobre todas las tribus, lenguas y naciones."*

7) El jinete-Anticristo tendrá una fuerza militar poderosa; *"Y los brazos de un diluvio serán desbordados de delante de él, y serán quebrados" "Y las armas estarán de su lado." Daniel 11:22, 31*

8) El jinete-Anticristo probablemente será un homosexual; *"Del Dios de sus padres no hará caso, ni del amor de las mujeres; ni respetará a dios alguno, porque sobre todo se engrandecerá. Daniel 11:37* La razón por lo que digo esto es porque La razón que digo esto es porque el diablo funciona por un principio de revocación. Cualquier cosa normal y decente que Dios ha creado, la pervierte y hace lo contrario. Y ya que el cuerpo de esta persona eventualmente será poseído por el diablo *(Apocalipsis 13:2)* él se manifestará o tal vez debo decir diablo-festará su pervertida forma de vida, a través de él.

9) El jinete-Anticristo, con la ayuda diabólica del falso profeta, obligará a todo el mundo a mostrar su lealtad por la marca de la bestia; *(Apocalipsis 13:16-18).*

10) Todo el mundo adorará a esta bestia (Anticristo) quien será la personificación del humanismo, narcisismo y todas las otras ideologías diabólicas combinadas; *"...Y en su corazón se engrandecerá, y sin aviso destruirá a muchos"; "y se levantará contra el Príncipe de los príncipes, pero será quebrantado, aunque no por mano humana." "Y el rey hará su voluntad, y se ensoberbecerá, y se engrandecerá sobre todo dios; y contra el Dios de los dioses hablará maravillas, y prosperará, hasta que sea consumada la ira; porque lo determinado se cumplirá." Daniel 8:25b;*

11:36 "Y la adoraron todos los moradores de la tierra cuyos nombres no estaban escritos en el libro de la vida del Cordero que fue inmolado desde el principio del mundo." Apocalipsis 13:8

2do SELLO DEL JINETE DEL CABALLO BERMEJO

CAPITULO 3

EL SEGUNDO SELLO

Descifrando el jinete del caballo rojo

Apocalipsis 6:3, 4
"Cuando abrió el segundo sello, oí al segundo ser viviente,
que decía: Ven y mira. Y salió otro caballo, bermejo; y al que
lo montaba le fue dado poder de quitar de la tierra la paz,
y que se matasen unos a otros; y se le dio una gran espada."

El jinete del caballo rojo representa un derramamiento masivo de sangre como resultado de los homicidios en el mundo (homicidios de todo tipo), que conllevarán eventualmente a una guerra masiva. La seguridad pacífica que las naciones y grupos de personas han confiado con seguridad a lo largo de los años, pronto será cosa del pasado. El jinete apocalíptico de este caballo rojo interrumpirá de manera abrupta la cobertura de protección que ha estado sobre la humanidad. Tenga en orden su casa mi amigo para una extraordinaria protección de su hogar, porque cuando llegue este jinete, cambiará radicalmente la manera en que vive en la sociedad.

Él instigará la violencia y el terrorismo internacional en todo el mundo en forma de guerra, alborotos de racismo, limpiamiento étnico (genocidio), aumento de suicidios y bombardeos suicidas, homicidios por crimen organizado contra la humanidad, fricción entre las facciones políticas y religiosas, asesinatos de pandillas urbanas y suburbanas, violentas protestas masivas contra la disparidad entre ricos y pobres, injusticia social, asesinatos a consecuencia de la disolución de matrimonios y familias disfuncionales. Accidentes químicos, biológicos y nucleares mortales, causantes de una amplia propagación de pandemias, que conducirán a cientos y quizá miles de muertes. La descomposición de nuestra sociedad como la conocemos se convertirá en nuestra realidad cotidiana.

Es con este Segundo Sello que empecé a colocar debajo de él, los juicios de las trompetas. Los detalles de este particular sello se nos describen en los juicios de las seis trompetas que se nos registran en **Apocalipsis 9:13-19**. Al leer este pasaje de la escritura podemos ver con claridad que, a consecuencia de esta guerra, se destruirá un tercio de los hombres o de la humanidad. Es muy posible que ocurran pequeñas guerras y conflictos internos de manera simultánea al mismo tiempo que suceden los otros juicios de las otras trompetas, culminando en este juicio de seis trompetas (una gran guerra). Nuestro bendito Señor y Salvador, Jesús Cristo y Paul, el apóstol, nos proporcionan algunos detalles, en sus predicciones, sobre este tiempo caótico y peligroso al que nos enfrentaremos.

I- *La predicción de Cristo en relación a este tiempo;*

A) *"Y oiréis de guerras y rumores de guerras; mirad que no os turbéis, porque es necesario que todo esto acontezca; pero aún no es el fin. Porque se levantará nación contra nación, y reino contra reino; y habrá pestes, y hambres, y terremotos en diferentes lugares. Y por haberse multiplicado la maldad, el amor de muchos se enfriará. Mas como en los días de Noé, así será la venida del Hijo del Hombre. Porque como en los días antes del diluvio estaban comiendo y bebiendo, casándose y dando en casamiento, hasta el día en que Noé entró en el arca, y no entendieron hasta que vino el diluvio y se los llevó a todos, así será también la venida del Hijo del Hombre." Mateo 24:6, 7, 12, 37-39*

B) *"Y cuando oigáis de guerras y de sediciones, no os alarméis; porque es necesario que estas cosas acontezcan primero; pero el fin no será inmediatamente. Entonces les dijo: Se levantará nación contra nación, y reino contra reino; Lucas 21:9, 10*

II- *La predicción de Paul en relación a este tiempo;*

"Y por el tiempo y la estación, hermano, no tenéis necesidad de que os escriba. Porque vosotros sabéis perfectamente que el

día del Señor vendrá como ladrón en la noche. Porque cuando digan, <u>Paz y seguridad</u>; Entonces la destrucción repentina viene sobre ellos, como el trabajo de parto sobre una mujer con el niño; y no escaparán. Pero ustedes, hermanos, no están en la oscuridad, Que ese día te alcanzará como un ladrón. Vosotros sois todos hijos de luz, e hijos del día; no somos de la noche, ni de la obscuridad.

Por lo tanto, no dormamos como los demás, Pero veamos y seamos sobrios. Porque los que duermen, duermen en la noche; y los borrachos están borrachos en la noche. Pero los que somos del día, seamos sobrios, poniendo la coraza de fe y amor; y de casco, la esperanza de la salvación. Porque Dios no nos ha designado para la ira, Sino para obtener la salvación por nuestro Señor Jesucristo,"

1 Tesalonicenses 5:1-8 (El énfasis es mío)

3er SELLO DEL JINETE DEL CABALLO NEGRO

CAPITULO 4

EL TERCER SELLO

Descifrando el jinete del caballo negro

Apocalipsis 6:5, 6
"Cuando abrió el tercer sello, oí al tercer ser viviente, que
decía: Ven y mira. Y miré, y he aquí un caballo negro; y el
que lo montaba tenía una balanza en la mano. Y oí una
voz de en medio de los cuatro seres vivientes, que decía: Dos
libras de trigo por un denario, y seis libras de cebada por un
denario; pero no dañes el aceite ni el vino."

Este caballo negro y su jinete representan una terrible hambruna que afectará a un tercio de nuestros recursos naturales, los cuales eventualmente afectarán a un tercio de la población mundial. Pero antes de que empiece esta hambruna, observe la última cláusula en el versículo 6 que dice". Y ***ver tu lastimar no el aceite y el vino."***

Debemos preguntarnos, ¿por qué uno de los serafines le dice al jinete de este caballo, que no le haga daño al aceite y al vino? Una posible respuesta a esta pregunta es que Dios, rico en misericordia, puede permitirle a las Naciones del mundo, que dependen en gran medida y están adictas a este aceite (petróleo), que continúen usando la maquinaria, que opera sus ciudades y países. Dios incluso les permitirá a estas naciones continuar sus tiempos de fiestas y eventos sociales, al perdonar las industrias del vino y viñedo.

Una razón muy importante, creo, el vino fresco (no el jugo de uva fermentado) es especialmente perdonado, será para que los santos continúen usándolo en su celebración de la Cena del Señor.

¡Alabado sea Dios! Esta ordenanza del Nuevo Testamento que fue instituida por Cristo anima a los Santos a recordar y apreciar la muerte sacrificial de su Salvador, hasta que El regrese otra vez. Y en una nota personal, este pobre Ministro del Evangelio puede apreciar realmente un frio vaso de jugo de uva fresco a cualquier momento. No sólo esta bebida de jugo de uva es deliciosa, sino que también es más beneficiosa (antioxidante), que mi bebida caribeña favorita llamada Malta.

Los detalles de este Sello están registrados y se expresan a lo largo de los siguientes tres juicios de las trompetas, los cuales colocare bajo este particular sello. Por favor entiendan que estos tres juicios de las trompetas están dirigidos principalmente hacia los habitantes y naciones pecadoras de este mundo.

Dios, que es rico en misericordia, no quiere que nadie perezca, sino que todos deben reconocer su condición pecadora y arrepentirse (*2 Pedro 3:9*).

Hay un doble propósito para estos juicios de la trompeta. En primer lugar, Dios los utilizará para finalmente sacudir y despertar a las Naciones a la realidad que se acerca el final de este tiempo (*Hebreos 12:26, 27*). Y, en segundo lugar, para alertar y poderosamente ungir a la iglesia con el poder de su Espíritu Santo, como está prometido en el símbolo de la lluvia tardía (*James 5:8, 9*). Este poder espiritual le permitirá proclamar eficazmente el evangelio del Reino de Cristo, a un mundo perdido y moribundo. La iglesia debe entender que estos juicios de la trompeta prepararán a las Naciones del mundo, a escuchar el maravilloso mensaje de la redención que ella les traerá, a través de sus últimos esfuerzos evangelisteros y misioneros.

Hay una razón por qué la iglesia de Dios debe soportar estos juicios de trompeta primera junto con el resto del mundo. Jesús oró en el huerto de Getsemaní, para que Su Padre no quitara la iglesia del mundo, pero para que Él los protegiera del mal; por favor lea (*Juan 17: 15)* y también *(Apocalipsis 3:10)*.

Tenemos una cuenta del Antiguo Testamento de la manera en que Dios mantuvo y permitió a los hijos de Israel, mientras ellos estaban en cautiverio en la tierra de Egipto (un tipo del mundo), para que aguantar, junto con los egipcios, las tres primeras plagas del juicio. Ellos soportaron, hasta que Dios colocó un cerco de protección sobre ellos de las restantes plagas; *"Y aquel día yo apartaré la tierra de Gosén, en la cual habita mi pueblo, para que ninguna clase de moscas haya en ella, a fin de que sepas que yo soy Jehová en medio de la tierra."*. *Éxodo 8:22* Ahora observemos a este tercer sello que destruirá un tercio de nuestros recursos naturales y la población, tal como se expresa en las siguientes tres trompetas:

JUICIO DE LA PRIMERA TROMPETA – *Apocalipsis 8:7 "El primer ángel tocó la trompeta, y hubo granizo y fuego mezclados con sangre, que fueron lanzados sobre la tierra; y la tercera parte de los árboles se quemó, y se quemó toda la hierba verde.*

Obviamente este juicio afectará un tercio del suministro agricultura del mundo; lo que significa una gran hambruna para las masas. La predicción de Jesús la cual se encuentra en, *Mateo 24:7b lo* confirma cuando Él declaró, *"…y habrá hambrunas".* Mucha gente morirá de hambre, a medida disminuye que el suministro alimenticio del mundo.

Muchas tiendas, supermercados, restaurantes, lugares de comida rápida y lenta probablemente se irán a la quiebra, como resultado de esta tragedia. Nuestros platillos de pollo y carne sólo serán un recuerdo para algunos de nosotros. De hecho, se trata de un juicio devastador para los creyentes para verlo como la **primera señal**, que hemos entrado ya en el inicio de los juicios de la trompeta.

JUICIO DE LA SEGUNDA TROMPETA – *Apocalipsis 8:8, 9 "El segundo ángel tocó la trompeta, y como una gran montaña ardiendo en fuego fue precipitada en el mar; y la tercera parte del mar se convirtió en sangre.*

Y murió la tercera parte de los seres vivientes que estaban en el mar, y la tercera parte de las naves fue destruida."

A medida que observamos este juicio, notamos que esta gran montana ardiendo con fuego probablemente representa por lo general parte de un asteroide cayendo con el gran calor, al océano, haciéndolo hervir, de tal modo que destruirá un tercio de las criaturas del mar.

De nuevo, ¿qué significa esto para los habitantes de la tierra? Significa que un tercio del abastecimiento de pescados y mariscos del mundo perecerá, de tal manera hará que la industria de pescados y mariscos se convierta extremadamente rara y costosa para que el hombre o mujer común compren. Esta tragedia también contribuirá a los dolores del hambre del mundo. Hermanos pueden olvidarse de sus platillos de pescados y mariscos; Estos platillos también serán una cosa del pasado.

EL JUICIO DE LA TERCERA TROMPETA – *Apocalipsis 8:10, 11 "El tercer ángel tocó la trompeta, y cayó del cielo una gran estrella, ardiendo como una antorcha, y cayó sobre la tercera parte de los ríos, y sobre las fuentes de las aguas.*

Y el nombre de la estrella es Ajenjo. Y la tercera parte de las aguas se convirtió en ajenjo; y muchos hombres murieron a causa de esas aguas, porque se hicieron amargas."

Este tercer juicio, que por lo general representa un meteorito, afectará a un tercio del suministro de agua dulce del mundo haciéndola demasiado mortal para beberse. Muchas personas eventualmente morirán de sed. No hay absolutamente ningún otro líquido en la tierra que puede satisfacer la sed de una persona, como lo es un frío vaso de agua fresca. Podemos comprar ahora agua fresca embotellada, pero eventualmente este recurso vital también disminuirá y se convertirá demasiado caro para el hombre o la mujer común lo compre en cantidades grandes o pequeñas. El suministro limitado de agua dulce se racionará a sus ciudadanos por el gobierno de la orden del nuevo mundo que se implementará para controlar lo que quede de la población mundial.

La iglesia tendrá que madurar en su fe antes de que esto suceda, para poder sobrevivir esta situación de hambruna y sed, al confiar en las promesas de Dios en suministrar sus necesidades. Una de estas promesas es, *"Mi Dios, pues, suplirá todo lo que os falta conforme a sus riquezas en Gloria en Cristo Jesús." Filipenses 4:19.*

Nuestro Dios tiene la gran capacidad de suministrar el alimento necesario y el agua que necesitamos para sobrevivir, pero no en la abundancia a la que estamos acostumbrados. Habrá días cuando vamos a experimentar algo de hambre y algo de sed; ¡pero por favor no se rindan y se abatan! Sólo sigan confiando en sus promesas, porque nuestro Dios es un Dios fiel. ¡Amén!

Una escena de visión de Juan, acerca de este trágico suceso, puede ser una fuente de consuelo para algunos de nosotros, a medida que sufrimos pacientemente, junto con el mundo, este juicio particular. Él escribe que después de que hayamos sido librados de estos días de tribulación, Dios nos ministrará y consolará; *"Y yo le dije, Señor, tu sabes. Y me dijo, estos son los que salieron de la gran tribulación, y han lavado sus ropas, y las han blanqueado en la sangre de Cordero. Por lo tanto, ellos están ante el trono de Dios, y le sirven día y noche en su templo: Y el que se sienta en el trono habitara entre ellos. <u>Ya no tendrán hambre ni sed;</u> ni* *el sol se iluminará sobre ellos, ni ningún calor. Porque el Cordero que está en medio del trono los alimentara, y los conducirá a Fuentes vivas de aguas: y Dios limpiara todas las lágrimas de sus ojos." Apocalipsis 7:14-17* (énfasis es mío).

4to SELLO DEL JINETE DEL CABALLO AMARILLO

CAPITULO 5

EL CUARTO SELLO

Descifrando el jinete del caballo pálido

Apocalipsis 6:7, 8
"Cuando abrió el cuarto sello, oí la voz del cuarto ser viviente, que decía: Ven y mira. Miré, y he aquí un caballo amarillo, y el que lo montaba tenía por nombre Muerte, y el Hades le seguía; y le fue dada potestad sobre la cuarta parte de la tierra, para matar con espada, con hambre, con mortandad, y con las fieras de la tierra."

Este caballo pálido y su jinete representan la realidad ineludible de la muerte y el infierno. Este cuarto sello es el resultado final y resultado de los dos sellos anteriores (representada por los juicios de la tercera trompeta), más los juicios de la cuarta, quinta y sexta trompetas que expondré en un momento. Sin embargo, la triste realidad es que una cuarta parte de la impenitente raza humana perecerá. En la actualidad, la población del mundo se acerca a los 8 billones de personas. Así que estamos hablando de unos 2 billones de habitantes, aniquilados de este planeta, como resultado de estos juicios. Ahora observemos a estos tres juicios de las trompetas restantes que forman parte de este sello:

EL JUICIO DE LA CUARTA TROMPETA- *Apocalipsis 8:12, 13*
"El cuarto ángel tocó la trompeta, y fue herida la tercera parte del sol, y la tercera parte de la luna, y la tercera parte de las estrellas, para que se oscureciese la tercera parte de ellos, y no hubiese luz en la tercera parte del día, y asimismo de la noche.

Y miré, y oí a un ángel volar por en medio del cielo, diciendo a gran voz: ¡Ay, ay, ay, de los que moran en la tierra, a causa de los otros toques de trompeta que están para sonar los tres ángeles!"

Dios va a golpear fuertemente a estos tres objetos celestiales (Sol, Luna y Estrellas). El golpe será tan devastador que va a prevenir que estos cuerpos celestes brillen aproximadamente un tercio del día y un tercio de la noche. ¿Qué significa este juicio y como nos afectara a nosotros y al mundo? En general, nuestra mente y cuerpo están acostumbrados a un día de 24 horas. Usualmente trabajamos 8 horas, ocio por otras 8 y finalmente dormir por las ultimas 8. Pero este juicio en particular no reducirá nuestro día normal de 24 horas, a 16 horas por día, removiendo 8 horas (Un tercio)

La incomodidad que nuestras mentes y cuerpos sentirán será peor que la descompensación horaria. Personas que han volado en un avión, por diferentes zonas horarias, pueden relacionarse con esta condición miserable, a cierto punto. Cuando uno debería de estar despierto por complete y listo para encarar el día, el cuerpo quiere descansar y dormir. Lo opuesto puede ser igual de perturbador. Cuando el cuerpo debe de estar descansando y dormido, se encuentra despierto por completo. Estos días y noches cortos interrumpirán la rutina diaria y estilo de vida de todos, no solamente en los Estados Unidos, pero también a escala mundial.

Otra razón para este juicio, que en cierto sentido es una bendición disfrazada para el creyente, es la promesa que Cristo hizo para ayudar a Sus discípulos. Jesús dijo en *Mateo 24:22; "Y si aquellos días no fuesen acortados, ninguna carne seria salva; mas por causa de los escogidos, aquellos días serán acordados."* Gracias a Dios que estos días de tribulación van a ser acortados, no por el bien de los impíos, sino por el bien de los justos. ¡Aleluya!

Él también dijo en *Lucas 21:25, 26; "Entonces las señales en el sol, y en la luna, y las estrellas; y en la tierra angustia de gentes por la confusión del sonido de la mar y de las ondas: Secándose los hombres a causa del temor y expectación de las cosas que sobrevendrán a la redondez de la tierra: por que las virtudes de los cielos serán conmovidas."* ¡Cuando ocurra este juicio, la humanidad será forzada, una vez más, a reconocer el poder impresionante de Dios!

EL QUINTO JUICIO DE LA TROMPETA – *Apocalipsis 9:1-11*
"El quinto ángel tocó la trompeta, y vi una estrella que cayó del cielo a la tierra; y se le dio la llave del pozo del abismo. Y abrió el pozo

del abismo, y subió humo del pozo como humo de un gran <u>horno</u>; y se oscureció el sol y el aire por el humo del pozo. Y del humo salieron langostas sobre la tierra; y se les dio <u>poder</u>, como tienen poder los escorpiones de la tierra. Y se les mandó que no dañasen a la hierba de la tierra, ni a cosa verde alguna, ni a ningún árbol, sino solamente a los hombres que no tuviesen el sello de Dios en sus frentes. Y les fue dado, no que los matasen, sino que los atormentasen cinco meses; y su tormento era como tormento de escorpión cuando hiere al hombre. Y en aquellos días los hombres buscarán la muerte, pero no la hallarán; y ansiarán morir, pero la muerte huirá de ellos. El aspecto de las langostas era semejante a caballos preparados para la guerra; en las cabezas tenían como coronas de oro; sus caras eran como caras humanas; tenían cabello como cabello de mujer; sus dientes eran como de leones; tenían corazas como corazas de hierro; el ruido de sus alas era como el estruendo de muchos carros de caballos corriendo a la batalla; tenían colas como de escorpiones, y también aguijones; y en sus colas tenían poder para dañar a los hombres durante cinco meses. Y tienen por rey sobre ellos al ángel del abismo, cuyo nombre en hebreo es Abdón, y en griego, Apolión."

Este juicio va a ser el horror de los horrores. Cuando uno lee este pasaje de la escritura, suena como si uno estuviera leyendo un guion para una película de terror de ciencia ficción. Créeme que esta no es otra película de terror falsa, más bien es una realidad horrífica. Un ángel del cielo bajara y liberara unas creaturas horribles del pozo sin fondo. Ellos ascenderán y atacarán a la humanidad con venganza viciosa, por aproximadamente cinco meses.

Ahora, para que podamos entender quiénes son estas creaturas y por qué son tan vengativas, uno tendrá que volver al primer libro histórico de Génesis. Hay una teoría, que muy probable puede ser cierta, encontrada en (*Génesis 6:1-9),* de una mala acción que algunos de los hijos de Dios cometieron. El término, hijos de Dios, es enseñado por muchos seminarios teológicos que son los descendientes, de la línea piadosa de Set, el tercer hijo de Adán y Eva. Pero una mirada más cercana demuestra que este término también se utiliza en unos pasajes encontrado en (*Job 1:6; 2:1* & *38:7);* para describir la hostia angelical del cielo.

Con esta vista en mente, es muy probable que algunos de los ángeles que cayeron con Satanás (*Apocalipsis 12:4*), se les permitió cruzar una dimensión del mundo de los espíritus ("abandonaron su habitación" *Judas 1:5, 6*) al mundo natural, transformándose en hombres humanos. Entonces ellos, a través de su lujuria maligna, fueron capaces de copular con las hermosas, pero malas mujeres de la tierra. ¿Cuál fue su principal propósito y motivo para hacer esto? Fue para contaminar el fondo genético de la raza humana. Hicieron esto, con la esperanza de prevenir la promesa mesiánica de redención, que se les dio a Adán y Eva, encontrada en (*Génesis 3:15*); de ser cumplida.

Lo que resulto de estos encuentros sexuales ilícitos de otro tipo, fue el nacimiento de gigantes literales. Estos gigantes de enorme estatura hicieron que la tierra se llenara de violencia y corrupción, a través de sus malas acciones. Dios tuvo que destruir el mundo conocido en ese entonces, a través de la inundación (diluvio), pero juzgo y echo al pozo sin fondo, a estos ángeles caídos que cometieron tan gran maldad. (*2 Pedro 2:4, 5*). Aso, cuando estos ángeles caídos son finalmente liberados de su cadena de oscuridad, no volverán a aparecer como hombres humanos, más bien como monstros que parecen langostas, del pozo sin fondo.

EL SEXTO JUICIO DE LA TROMPETA - *Apocalipsis 9:13-21 "El sexto ángel tocó la trompeta, y oí una voz de entre los cuatro cuernos del altar de oro que estaba delante de Dios, diciendo al sexto ángel que tenía la trompeta: Desata a los cuatro ángeles que están atados junto al gran río Éufrates. Y fueron desatados los cuatro ángeles que estaban preparados para la hora, día, mes y año, a fin de matar a la tercera parte de los hombres. Y el <u>número</u> de los ejércitos de los jinetes era doscientos millones. Yo oí su número. Así vi en visión los caballos y a sus jinetes, los cuales tenían corazas de fuego, de zafiro y de azufre. Y las cabezas de los caballos eran como cabezas de leones; y de su boca salían fuego, humo y azufre. Por estas tres plagas fue muerta la tercera parte de los hombres; por el fuego, el humo y el azufre que salían de su boca. Pues el poder de los caballos estaba en su boca y en sus colas; porque sus colas, semejantes a serpientes, tenían cabezas, y con ellas dañaban. Y los otros hombres que no fueron muertos con estas plagas, ni aun así se arrepintieron de las obras de sus manos, ni dejaron de adorar a los demonios, y a las imágenes de oro, de plata, de bronce, de piedra y de madera, las cuales no pueden ver, ni oír, ni andar; y* *no se arrepintieron de sus homicidios, ni de sus hechicerías, ni de su fornicación, ni de sus hurtos."*

Este juicio probablemente será la última gran Guerra antes de la batalla de Armagedón (Guerra de guerras). Esta guerra masiva se peleará alrededor del área del Medio Oriente (El gran rio Éufrates). Involucrara a los ejércitos modernos de las naciones del hemisferio occidental y oriental. Varios miles y quizás millones de civiles y personal militar morirán como resultado de esta terrible Guerra. Este juicio de trompeta concluirá el cuarto sello. Pero, aunque millones y miles de millones de la población del mundo perecerán a través de estas horribles calamidades, muchos no se arrepentirán. Ellos, al contrario, endurecerán sus corazones y continuarán en sus pecaminosos estilos de vida, descaradamente.

EL JUICIO DE LA 7ma
TROMPETA 7

CAPITULO 6

Descifrando el Quinto Sello

Apocalipsis 6:9-11
"Cuando abrió el quinto sello, vi bajo el altar las almas de los que habían sido muertos por causa de la palabra de Dios y por el testimonio que tenían. Y clamaban a gran voz, diciendo: ¿Hasta cuándo, ¿Señor, santo y verdadero, no juzgas y vengas nuestra sangre en los que moran en la tierra? Y se les dieron vestiduras blancas, y se les dijo que descansasen todavía un poco de tiempo, hasta que se completara el número de sus consiervos y sus hermanos, que también habían de ser muertos como ellos."

Los últimos cuatro sellos revelaron el principio de la ira de Dios. (Mesclada con misericordia) derramada sobre un tercio de los recursos naturales y sus habitantes. Usted puede preguntarse, ¿porque está esta ira mesclada con la misericordia de Dios? La razón de esto es porque sus santos todavía estarán viviendo aquí en la tierra, para cumplir los propósitos de Dios. Una vez que cumplan y realicen los propósitos de estar aquí, entonces este próximo sello revelara como serán removidos de esta tierra. Este quinto sello trata exclusivamente con la Iglesia y los santos de los últimos días. Una vez más, los detalles de este sello nos son dados por el séptimo y último juicio de las trompetas.

EL SEPTIMO JUICIO DE LA TROMPETA – *Apocalipsis 10:7*
"sino que en los días de la voz del séptimo ángel, cuando él <u>comience</u> a tocar la trompeta, el misterio de Dios se consumará, como él lo anunció a sus siervos los profetas."

Apocalipsis 11:14-18 "El segundo ay pasó; he aquí, la <u>tercera</u> <u>aflicción</u> viene pronto.

El séptimo ángel tocó la trompeta, y hubo grandes voces en el cielo, que decían: Los reinos del mundo han venido a ser de nuestro Señor y de su Cristo; y él reinará por los siglos de los siglos. Y los veinticuatro ancianos que estaban sentados delante de Dios en sus tronos, se postraron sobre sus rostros, y adoraron a Dios, diciendo: Te damos gracias, SEÑOR DIOS todopoderoso, el que eres y que eras y que has de venir, porque has tomado tu gran poder, y has reinado. Y se airaron las naciones, y tu ira ha venido, y el tiempo de juzgar a los muertos, y de dar el <u>galardón</u> a tus siervos los profetas, a los santos, y a los que temen tu nombre, a los pequeños y a los grandes, y de destruir a los que destruyen la tierra." (Énfasis es mío)

Lo primero que uno debe de entender de este juicio es que, cuando la séptima y última trompeta suene, muchos eventos van a transpirar durante la duración de este juicio. Por favor, tenga esto en cuenta al observar los siguientes eventos:

EL PRIMER EVENTO

El primer evento que vemos desarrollarse, de acuerdo a las escrituras, será la última guerra angelical en los lugares celestiales entre Miguel y sus ángeles contra satanás y sus ángeles caídos; *Apocalipsis 12:7-11 "Después hubo una gran batalla en el cielo: Miguel y sus ángeles luchaban contra el dragón; y luchaban el dragón y sus ángeles; pero no prevalecieron, ni se halló ya lugar para ellos en el cielo. Y fue lanzado fuera el gran dragón, la serpiente antigua, que se llama diablo y Satanás, el cual engaña al mundo entero; fue arrojado a la tierra, y sus ángeles fueron arrojados con él. Entonces oí una gran voz en el cielo, que decía: Ahora ha venido la salvación, el poder, y el reino de nuestro Dios, y la <u>autoridad</u> de su Cristo; porque ha sido lanzado fuera el acusador de nuestros hermanos, el que los acusaba delante de nuestro Dios día y noche. Y ellos le han vencido por medio de la sangre del Cordero y de la palabra del testimonio de ellos, y menospreciaron sus vidas hasta la muerte. Por tanto, regocijaos, cielos, y vosotros que habitáis en ellos.*

¡Aflicción a los inhibidores de la tierra y del mar! Porque el Diablo ha descendido a vosotros, teniendo gran ira, porque sabe que tiene poco tiempo."

(Énfasis es mío). Esta última aflicción no se dirige tan solo a los pecadores, sino que apunta especialmente a los santos.

El SEGUNDO EVENTO

Una vez que el Diablo es finalmente expulsado del reino celestial, Descenderá con una ira loca y poseerá el cuerpo del Anticristo; *Apocalipsis 13:2 "Y la bestia que vi, era semejante a un leopardo, y sus pies como de oso, y su boca como de león: Y el dragón le dio su poder, y su trono, y grande potestad."* (Énfasis es mío). Lo hizo una vez, según el evangelio de Lucas, cuando entro en el cuerpo del primer hijo de la perdición, Judas Iscariote (*Lucas 22:3*).

Esta posesión física será literalmente el Diablo encarnado. El usara esta posesión para imitar la verdadera reencarnación del Hijo de Dios, Jesucristo. Satanás siempre ha tratado de emular el plan y propósito de Dios. Así, al transformarse en el cuerpo del Anticristo, se presentará a sí mismo como el Mesías y Salvador prometido del mundo, engañando a los habitantes (especialmente judíos ortodoxos) de la tierra, excepto a los santos, por supuesto. Ellos discernirán y conocerán su verdadera identidad, como la personificación del mal.

Algunos enseñan que la razón por la cual el Anticristo no puede manifestarse todavía, es porque la morada del Espíritu Santo (fuerza de obstaculización) dentro de la iglesia, le impide hacerlo. Ellos usan este pasaje bíblico encontrado en *(2 Tesalonicenses 2:7)* para justificar su teoría. Examinemos este versículo un poco más de cerca: *"Porque ya está obrando el misterio de iniquidad: solamente espera hasta que sea quitado de en medio el que ahora impide;"* Asumen que el que está siendo mencionado en este versículo, se trata del Espíritu Santo. Pero una revisión más detallada de este versículo, en su lenguaje original, no confirma esto. En su contexto original, es un simple pronombre, refiriéndose a un individuo.

El individuo al que creo que se está refiriendo no es otro que Miguel, el arcángel. Como ya se ha mencionado en el primer evento, él es el ángel guerrero que se ve obstaculizando y luchando contra Satanás y sus fuerzas de la obscuridad. Él es probablemente el mismo ángel que es actualmente responsable de restringir al jinete del caballo rojo, de ser liberado. Además, él es el ángel que siempre está asociado con los eventos del fin de los tiempos, de acuerdo con **Daniel 12:1; *"Y en aquel tiempo se levantará Miguel, el gran príncipe que esta por los hijos de tu pueblo; y será tiempo de angustia, cual nunca fue después que hubo gente hasta entonces: más en aquel tiempo será libertado tu pueblo, todos los que se hallaren escritos en el libro."*** Cuando Miguel (no la iglesia) sea finalmente sacado del camino, entonces Satanás descenderá a la tierra para tomar posesión del Anticristo, para manifestarse. ***2 Tesalonicenses 2:8-12; "Y entonces se manifestará aquel inicuo, a quien el Señor matará con el espíritu de su boca, y destruirá con el resplandor de su venida; inicuo cuyo advenimiento es por obra de Satanás, con gran poder y señales y prodigios mentirosos, y con todo engaño de iniquidad para los que se pierden, por cuanto no*** <u>***recibieron***</u> ***el amor de la verdad para ser salvos. Por esto Dios les envía un poder engañoso, para que crean la mentira, a fin de que sean condenados todos los que no creyeron a la verdad, sino que se complacieron en la injusticia.***

EL TERCER EVENTO

El anticristo oficialmente declarara la Guerra contra los santos y causara gran persecución y tribulación sobre la iglesia. El odia a Dios, y la única manera que puede tomar represalias, es haciéndole daño a la Iglesia que Jesucristo estableció y ama. *(Marco 3:13-19).* Este ataque de Satanás ocurrirá al final del primer segmento de 3 años y medio, de nuestro conflicto final con él. Este es el mal día que Paul nos advirtió en *Efesios 6:13.*

El Anticristo va a tener éxito en poner la culpa en los santos por todas las calamidades y enfermedades del mundo. Ahora, desde el terrible ataque del 11 de septiembre, 2001 (La tragedia de las Torres Gemelas en Nueva York), muchos Árabes Americanos y árabes en general, se sostienen en alta sospecha. El prejuicio no es solamente de otros ciudadanos americanos, pero también de otras naciones alrededor del mundo. Esta sospecha se agrava y empeora si están especialmente asociados con la religión del islam. Muchos han sido injustamente acusados de ser terroristas, simplemente por pertenecer a esa religión. De hecho, hoy no es popular ser árabe o tener un nombre árabe en los Estados Unidos. Pero todo esto cambiara en un futuro cercano. Entonces será el turno de los cristianos ser denominados no solamente como terroristas, sino una serie de otros nombres despectivos.

El acusara a los santos y los usara como chivos expiatorios, por los trágicos eventos que el mundo ha estado experimentando. Tales eventos como hambrunas, temblores, desastres naturales, plagas, pestilencia, guerras, crímenes impensables, disturbios, violencia, abuso de derechos humanos, racismo, apagones locales y regionales, contaminación ambiental de todos tipos, desempleo, inestabilidad económica y cualquier otra condición caótica que exista, será culpado a los santos. Los resultados trágicos de esta falsa acusación contra los santos producirán odio violento y ataques de personas de todo el mundo.

En ese día, necesitaremos la gracia y el poder de Dios para preparar nuestras mentes y corazones para soportar este odio satánico procedente de las masas.

Jesús predijo; *"Entonces os entregaran para ser afligidos, y os mataran; y series aborrecidos de todas las gentes por causa de mi nombre". "Más el que perseverare hasta el fin, este será salvo." (Mateo 24:9, 13).* El apóstol Paul, en su epístola a los filipenses, declare lo mismo de esta manera. *"Y en nada intimidados de los que se oponen: que a ellos ciertamente es indicio de perdición, más a vosotros de salud; y esto de Dios; Porque a vosotros es concedido por Cristo, no solo que creáis en él, sino también que padezcáis por él." Filipenses 1:28, 29.*

Santos, prepárense para la pelea por sus almas, poniéndose toda la Armadura de Dios. *(Efesios 6:10-18)*. Este último conflicto en el que estamos involucrados, entre el bien y el mal, vida y muerte, cielo e infierno, se volverá más feroz, mientras más cerca estemos de la llegada del Señor.

Pero la Iglesia será victoriosa en sus últimos días, confiando en las maravillosas promesas de Dios, dada a ella en estos pasajes de las escrituras; *"Estas cosas os he hablado para que en mí tengáis paz. En el mundo tendréis aflicción; pero confiad, yo he vencido al mundo." Juan 16:33;* y nuevamente, *"¿Quién nos separará del amor de Cristo? ¿Tribulación, o angustia, o persecución, o hambre, o desnudez, o peligro, o espada? Como está escrito: Por causa de ti somos muertos todo el tiempo; Somos contados como ovejas de matadero. Antes, en todas estas cosas somos más que vencedores por medio de aquel que nos amó. Por lo cual estoy seguro de que ni la muerte, ni la vida, ni ángeles, ni principados, ni potestades, ni lo presente, ni lo por venir, ni lo alto, ni lo profundo, ni ninguna otra cosa creada nos podrá separar del amor de Dios, que es en Cristo Jesús Señor nuestro." Romanos 8:35-39.* ¡Amen y Amen!

Pablo el apóstol, se refiere a nosotros en su epístola a la iglesia de Éfeso, que Cristo va a presentar a sí mismo, una gloriosa Iglesia. (*Efesios 5:26, 27*). El proceso que Dios ha ordenado a la Iglesia para obtener este estado de gloria espiritual será a través de ambos, el lavado del agua por la Palabra y los fuegos purificadores de la persecución. Por favor escucha las palabras de Cristo, como informa a Sus discípulos acerca de este tema de persecución encontrado en *Juan 15:18-20 "Si el mundo os aborrece, sabed que a mí me aborreció antes que a vosotros. Si fuerais del mundo, el mundo amaría lo suyo; más porque no sois del mundo, antes yo os elegí del mundo, por eso os aborrece el mundo. Acordaos de la palabra que yo os he dicho: no es el siervo mayor que su señor. Si a mí me han perseguido, también a vosotros perseguirán: si han guardado mi palabra, también guardaran la vuestra."* Leamos lo que el profeta Daniel tiene que decir en este sentido, *"Y algunos de ellos de entendimiento caerán, para probarlos, y <u>purgar</u>, y para <u>hacerlos blancos,</u> hasta el tiempo del fin: porque todavía está por un tiempo designado."* (Énfasis es mío). Y Juan dijo básicamente lo mismo en *Apocalipsis 7: 14 "Y yo le dije: Señor, tú lo sabes. Y él me dijo: estos son los que han venido de grande tribulación, y han lavado sus ropas, y las han blanqueado en la sangre del Cordero."* (Énfasis es mío).

EL CUARTO EVENTO

El próximo evento será el ascenso del falso profeta final, la mano derecha del Anticristo. El será otro ser diabólico, quien estará a cargo de una religión mundial. El traerá gran decepción a la gente de este planeta, mediante la realización de grandes señales y maravillas mentirosas. El también reproducirá, muy posiblemente, una imagen (Clon humano) del Anticristo para adoración mundial. Y finalmente, forzara la lealtad de todos a su sistema totalitario babilónico moderno, tomando la marca de la bestia – 666 (*Apocalipsis 13:11-18*). Muchos tomaran esta marca, solo para permanecer en el sistema. El motivo principal que obligará a las masas a tomar esta marca, será, no solamente el temor a la pena capital, pero egoísmo supremo (yo, yo, yo).

¿Que significara esta marca de la bestia para todos los individuos viviendo ese día, cuando sea implementado? Significará que, sin ella, usted no podrá funcionar más en su sociedad y país. Muchos jóvenes, así como adultos, no podrán terminar su educación y empezar sus carreras, o si ya son adultos, empezar una nueva carrera. No podrá pagar más por entretenimiento ni participar en actividades recreativas que requieran una tarifa. Usted no podrá continuar con su empleo, ni recibir beneficios de desempleo si es despedido. Usted no tendrá acceso a sus cuentas bancarias, no más pensiones de retiro, cheques de seguro social, beneficios del seguro; sin seguro médico, odontológico, y de visión, no acceso a hospitales, clínicas o ser capaz de comprar productos farmacéuticos y nutricionales; No pasaportes para viajar, no negocios ni dueños de propiedad; no habrá manera de pagar su hipoteca, alquiler, utilidades y otros gastos de los hogares; no compras en su supermercado favorito, con el fin de alimentarse usted o a la familia; no hay manera de poner combustible a sus vehículos y maquinaria, ningún uso a sus televisiones *HD*, computadoras, copiadoras, celulares, y cualquier otro dispositivo electrónico inalámbrico, etc.

Esta lista puede seguir y seguir. Entonces, ¿Que vas a hacer, cuando esta marca es finalmente implementada por el profeta falso? Usted definitivamente necesitara, en ese día, una buena dosis de **paz** y **paciencia,** si planea sobrevivir esos días, sin la marca, *"Si alguno tiene oído, oiga. El que lleva en cautividad, va en cautividad: el que a cuchillo matare, es necesario que a cuchillo sea muerto. Aquí está la paciencia y la fe de los santos." Apocalipsis 13:9, 10* (Énfasis es mío).

En ese horrible día, todo ser humano será forzado y sometido a aceptar la marca o enfrentar el martirio. Si usted decide no tomar esta marca, entonces espere ser ejecutado, principalmente siendo decapitado. El Señor permitirá, este bautismo de sufrimiento; *Mateo 20:22, 23; Apocalipsis 20:4 "Y vi tronos, y se sentaron sobre ellos, (Doce apóstoles), y les fue dando juicio; y vi las almas de los degollados por el testimonio de Jesús, y por la palabra de Dios, y que no habían adorado a la bestia, ni a su imagen, y que no recibieron la señal en sus frentes, ni en sus manos, y vivieron, y reinaron con Cristo mil años".* (Énfasis agregado)

Por otra parte, quisiera advertir a todos los cristianos que han sido engañados por una predominante, pero errónea doctrina, llamada seguridad eterna. Esta enseñanza básicamente afirma que una vez que una persona se salva genuinamente, él o ella nunca pueden perder su salvación. Mi advertencia para usted es que, si usted piensa que puede tomar la marca de la bestia y todavía mantener su salvación, entonces estas engañado y sellaras tu propia condena. (*Mateo 24: 13; Hebreos 10:23-31; Santiago 5:19, 20*).

Dios va a presionar a todos los seres humanos que viven en ese día, a tomar una decisión final. Ya no serás capaz de tener hipócritamente un pie en el mundo y un pie en la iglesia. Esta marca será la separación final entre las valientes ovejas (Santos) y las cabras cobardes (Pecadores) *Mateo 25:32, 33.*

Aunque esto será similar a una pesadilla viva, la Iglesia y los santos de los últimos días serán victoriosos en este sentido según; *Apocalipsis. 12:11; 15:2 "Y ellos le han vencido por la sangre del Cordero, y por la palabra de su testimonio; y <u>no han amado sus vidas hasta la muerte</u>".* (Énfasis es mío) *"Y vi, así como un mar de vidrio mezclado con fuego (Ensayo ardiente): y los que habían alcanzado la victoria de la bestia, y su imagen, y de su señal, y del número de su nombre, estar sobre el mar de vidrio, teniendo las <u>arpas</u> de Dios".* (Énfasis es mío). La victoria de la Novia será similar a la victoria que la casa de Judá (judíos) experimento, hace muchos siglos en el antiguo Babilonia. Por favor lea esta historia emocionante para usted y aliéntese, sobre la negativa de algunos individuos a adorar una imagen de oro y lo que les costó ser valientes. Esta grabado para nosotros en, *Daniel capítulo 3.*

Nota: por favor comprenda que para el momento en que ocurra este evento en particular, la Iglesia ya habrá cumplido su ministerio paralelo de tres años y medio, a la de Cristo. Similar a la forma en que Jesús completó y cumplió su misión de tres años y medio, así también la Iglesia hará lo mismo. Donde quiera que vaya la Cabeza (Jesús), el Cuerpo (Iglesia) debe seguir.

Así, una vez que nuestro Señor completo Su ministerio y cumplió la voluntad de su Padre aquí en la tierra, luego fue entregado a Sus perseguidores. El establecimiento religioso judío (Consejo del Sanedrín) unió fuerzas con el sistema político romano de ese día, y ambos lo condenaron a muerte. Fue el sumo sacerdote judío y los ancianos los que sentenciaron a Cristo a muerte. Pero fueron los soldados Romanos los que hicieron el trabajo sucio de clavarlo en la cruz. Su sufrimiento y muerte subsiguiente, formaban parte del plan pre ordenado del Padre, para El. (*Apocalipsis 13:8*).

Del mismo modo, el Anticristo, que representa el sistema político como Presidente de los presidentes, unirá fuerzas con el establecimiento religioso encabezado por el falso profeta (Sacerdote Moderno) y ambos condenaran a los santos de los últimos días, a su muerte. Pedro el apóstol, nos advierte en su primera epístola con estas palabras. *"Porque para esto sois llamados; pues que también Cristo padeció por nosotros, dejándonos ejemplo, para que vosotros sigáis sus pisadas: ..."* y otra vez él dice *"Sed templados, y velad; porque vuestro adversario el Diablo, cual león rugiente, anda alrededor buscando a quien devore: Al cual resistid firmes en la fe, sabiendo que las mismas aflicciones han de ser cumplidas en la compañía de vuestros hermanos que están en el mundo. Más el Dios de toda gracia, que nos ha llamado a su Gloria eternal por Jesucristo, después que hubiereis un poco de tiempo padecido, el mismo os perfeccione, conforme, corrobore, y establezca."* (*1 Pedro 2:21; 5:8-10*). ¡Amen y Amen!

Este periodo oscuro para la Iglesia es tal vez la noche a la que Jesús se refirió cuando declaro en, *Juan 9:4 "Conviene me obrar las obras del que me envió, entre tanto que el día dura: la noche viene, cuando nadie puede obrar."* De hecho, este será un tiempo cuando la Iglesia, habiendo terminado su misión, probablemente tendrá que pasar a la clandestinidad, de manera similar a como lo hicieron los santos en el pasado; (*Hebreos 11:33-40*).

Aquí hay otra palabra de concejo: si usted consigue la oportunidad de escapar y esconderse en algún desierto o are remota, por favor planee ahora para aprender algunas habilidades de supervivencia al aire libre. Definitivamente lo necesitara en ese día. Prepárate para unirte a las filas de aquellos que no tienen alimentos ni hogar. Sobrevivencia será el nombre del juego. Si no planeas, entonces planeas fallar. Por favor, tenga en cuenta las palabras de este sabio predicador encontrado en, **Proverbios 22:3** *"El avisado ve el mal, y escóndase: Mas los simples pasan, y reciben el daño."*

Tal vez esta es la razón por la que Dios enviara, después de que algunos miembros, (misioneros especialmente) de la Iglesia se escondan, tres ángeles dinámicos para seguir anunciando a los habitantes de la tierra, el mensaje final de misericordia de Dios encontrado en;

Apocalipsis 14:6-13 "Y vi otro ángel volar por en medio del cielo, que tenía el evangelio eterno para predicarlo a los moran en la tierra, y a toda nación, tribu y lengua y pueblo, Diciendo en alta voz: Temed a Dios, y dadle honra; porque la hora de su juicio es venida; y adorad a aquel que ha hecho el cielo y la tierra y el mar y las fuentes de las aguas. Y otro ángel le siguió, diciendo: Ha caído, ha caído Babilonia, aquella grande ciudad, porque ella ha dado a beber a todas las naciones del vino del furor de su fornicación. Y el tercer ángel los siguió, diciendo en alta voz: Si alguno adora a la bestia y a su imagen, y toma la señal en su frente, o en su mano, Este también beberá del vino de la ira de Dios, el cual esta echado sin mescla puro en el cáliz de su ira; y será atormentado con fuego y azufre delante de los santos ángeles, y delante del Cordero: Y el humo del tormento de ellos sube para siempre jamás. Y los que adoran a la bestia y a su imagen, no tienen reposo día ni noche, ni cualquiera que tomare la señal de su nombre. Aquí está la paciencia de los santos: aquí están los que guardan los mandamientos de Dios, y la fe de Jesús. Y oí una voz del cielo que me decía: Escribe: Bienaventurados los muertos que de aquí adelante mueren en el Señor. Si, dice el Espirita, que descansaran de sus trabajos; porque sus obras con ellos siguen." (Énfasis es mío).

Como nota final, para algunos de los santos que pudieran tener la oportunidad de esconderse y permanecer vivos, Jesús predijo que el mundo intentaría atraer a algunos a salir de sus escondites cuando dijo en *Mateo 24:26 "Así que, si os dijeren: he aquí en el desierto esta; no salgáis: He aquí en las cámaras; no creáis."* Usaran su tecnología contra usted, especialmente satélites, que básicamente son espías en el cielo, para detector tu escondite.

Pero Cristo lo hizo muy claro a sus discípulos, que señal en particular necesitaban tener en cuenta, que indicaría Su pronta llegada. La señal no es dada por la visión de Juan en *Apocalipsis 6:12* que dice; *"Y mire cuando el abrió el sexto sello, y he aquí fue hecho un gran terremoto; y el sol se puso negro como un saco de cilicio, y la luna se puso toda como sangre;"*

Si, dependiendo en que parte del mundo viva en ese momento, si es durante el día, el Sol se volverá completamente negro. Pero si es durante la noche, la Luna obscurecerá ese lado del mundo, convirtiéndose en rojo sangriento. La siguiente luz que usted y el mundo contemplara será, la gloriosa luz de nuestro bendito Señor y Salvador, Jesucristo, en Su venida; *"Porque como el relámpago que sale del oriente y se muestra hasta el occidente, así será también la venida de Hijo del hombre."* ¡Mateo *24:27 Alabado sea el Señor!*

Hoy tenemos una Iglesia carnalmente débil, tibia y sin oración, que piensa que va a escapar de la ira del Anticristo, a través de un rapto pre-tribulación. Esta mentalidad de rapto pre-tribulación, a la cual yo me opongo, ha hecho más daño a la Iglesia en las áreas de discipulado y madurez, de lo que nadie podría imaginar. Nada ha hecho más para desarmar e impedir la preparación de la Iglesia para su **conflicto final**, que esta distorsionada teoría hecha por el hombre de un rapto fácil. Suena bien, pero esta no fue la manera en que la doctrina de la primera resurrección fue enseñada por la Iglesia Primitiva. Da a la Iglesia actual una falsa confianza de que no tendrá que enfrentar la tribulación.

Por el contrario, su teoría suena más como una fábula, producida por maestros equivocados que están más preocupados por agradar a la gente, que decir la verdad. Interpretan mal y sacan las escrituras fuera de contexto, para justificar el momento de su doctrina del escapismo. A veces reflexiono y espero que tengan razón en su enseñanza y este yo equivocado en la mía, porque no me gusta la idea del sufrimiento, pero no creo que sea. Pablo nos advierte sobre estos maestros, con estas palabras serias, *"Requiero yo pues delante de Dios, y del Señor Jesucristo, que ha de juzgar a los vivos y los muertos en su manifestación y en su reino. Que prediques la palabra; que instes a tiempo y fuera de tiempo; redarguye reprende; exhorta con toda paciencia y doctrina. Porque vendrá tiempo cuando ni sufrirán la sana doctrina; antes, teniendo comezón de oír, se amontonarán maestros conforme a sus concupiscencias, y apartarán de la verdad del oído y se volverán a las fabulas." 2 Timoteo 4:1-4* (Énfasis es mío). El apóstol Pedro también declaro en su segunda epístola que maestros falsos se enriquecerían, aprovechando la ignorancia bíblica de los cristianos; *2 Peter 2:1-3 "Pero hubo también falsos profetas en el pueblo, como habrá entre vosotros falsos doctores, que introducirán encubiertamente herejías de perdición, y negaran al Señor que los rescato, atrayendo sobre si mismos perdición acelerada. Y muchos seguirán sus disoluciones, por los cuales el camino de la verdad será blasfemado: Y por avaricia harán mercadería de vosotros con palabras fingidas, sobre los cuales la condenación ya de largo tiempo no se tarda, y su perdición no se duerme."*

Y para añadir a esto, Jesús predijo algunas consecuencias tristes para los cristianos, que no estaban preparados para afrontar estos tiempos difíciles de persecución y martirio que están llegando, *"Y muchos entonces serán escandalizados; y se entregarán unos a otros, y unos a otros se aborrecerán. Y muchos falsos profetas se levantarán y engañarán a muchos. Y por haberse multiplicado la maldad, la caridad de muchos se resfriará. Más el que perseverare hasta el fin, este será salvo." Mateo 24:10-13.* No sé si estar de acuerdo o en contra de este punto de vista. Pero prefiero mostrar el peor de los casos, que darles a los cristianos una falsa esperanza sobre no haber estado aquí para experimentar al menos, los primeros cinco sellos descritos en el libro apocalíptico *Apocalipsis*.

¡Si lo que he estado compartiendo a lo largo de no es nada cerca de la voluntad de Dios para nosotros, entonces yo soy culpable por agregar ansiedad y angustia innecesaria a su vida! ¡Simplemente volaremos y viviremos felices por siempre! Pero, al contrario, si lo que digo es verdad, y ustedes han estado enseñando de otra manera, entonces usted será culpable de engañar a todas las personas que lo oyeron y su sangre estará en tus manos, *Ezequiel 33:1-9.*

EL QUINTO EVENTO

Este último y **glorioso** evento incluirá el juicio de la séptima trompeta. Después de que la Iglesia haya cumplido su misión, ser juzgada, purgado y perfeccionado a través de la persecución. (*1 Pedro4:12-19; 2 Tesalonicenses 1:3-5*); Ella será, en cuestión de unos pocos días o semanas, será rápidamente arrebatado-rapto de esta tierra.

El apóstol Pablo, en su primera carta a la iglesia ubicada en Corinto nos relata que esta primera resurrección (rapto) fue un misterio oculto, revelado a él. Además, en una nota personal, fue la iluminación de este pasaje de las escrituras, que, para este autor, fue un catalizador en mi búsqueda e investigación para una mejor comprensión de esta trompeta particular. El pasaje bíblico al cual me refiero puede ser encontrado en *1 Corintios 15:51, 52 "He aquí, os digo un ministerio: todos no dormiremos, mas todos seremos transformados. En un momento, en un abrir de ojo, a la trompeta final: porque será tocada la trompera, y los muertos serán levantados sin corrupción, y nosotros seremos transformados."* (Énfasis es mío).

Ahora bien, este pasaje de las Escrituras nos muestra claramente, cuando ocurrirá el rapto, el cual será al sonido de la última trompeta. Pensé, medite, y reflexione sobre estos versos durante mucho tiempo, hasta que Dios ilumino mi entendimiento de ello. El simplemente me revelo que, si hay una última trompeta, entonces obviamente debe de haber otras trompetas que lo proceden.

Para mi sorpresa, yo descubrí que, no solo Pablo relaciono el momento de la primera resurrección de la Iglesia con la trompeta final, pero también lo hizo nuestro bendito Señor y salvador, Jesucristo y su amado apóstol, Juan. Si, Jesús relata en los evangelios, la trompeta final con el éxtasis, que veremos en un momento. Pero es en la visión apocalíptica de Juan, donde vemos la otra serie de trompetas, llevando a esta trompeta final. ¡Alabado sea el Señor!

Vamos a echar un vistazo más de cerca a estos pasajes bíblicos que tratan con esta trompeta final:

1- LA TROMPETA FINAL O EL RAPTO, SEGUN CRISTO

A- *"Y luego después de la aflicción de aquellos días, el sol se obscurecerá, y la luna no dará su lumbre, y las estrellas caerán del cielo, y las virtudes de los cielos serán conmovidas. Y entonces se mostrará la señal del Hijo del hombre en el cielo; y entonces lamentarán todas las tribus de la tierra, y verán al Hijo del hombre que vendrá sobre las nubes del cielo, con grande poder y Gloria. Y enviara a sus ángeles con <u>gran voz de trompeta</u>, y juntaran sus escogidos de los cuatro vientos, de un cabo del cielo hasta el otro." Mateo 24:29-31* (Énfasis agregado)

B- *"Y entonces verán al Hijo del hombre, que vendrá en las nubes con mucha potestad y gloria. Y entonces enviaran sus ángeles, y juntaran sus escogidos de los cuatro vientos desde el cabo de la tierra hasta el cabo del cielo." Mark 13:26, 27*

C- *"Y entonces verán al Hijo del hombre, que vendrá en una nube con potestad y majestad grande. Y cuando estas cosas comenzaren a hacerse, miran, y levantad vuestras cabezas, porque vuestra redención (rapto) está cerca. Lucas 21:26, 27* (Énfasis agregado)

2- LA TROMPETA FINAL O EL RAPTO, SEGUN PAUL

A- *"He aquí, os digo un ministerio: todos no dormiremos, mas todos seremos transformados. En un momento, en un abrir de ojo, a la trompeta final: porque será tocada la trompera, y los muertos serán levantados sin corrupción, y nosotros seremos transformados." 1 Corintios 15:51, 52*

B- *"Por lo cual, os decimos esto en palabra del Señor: que nosotros que vivimos, que habremos quedado hasta la venida del Señor, no seremos delanteros a los que durmieron. Porque el mismo Señor con <u>aclamación, con voz de arcángel</u>, y con trompeta de Dios, descenderá del cielo; y los muertos en Cristo resucitaran primero: Luego nosotros, los que vivimos, los que quedamos, juntamente con ellos seremos arrebatados en las nubes a recibir al*

Señor en el aire, y así estaremos siempre con el Señor. Por tanto, consolaos los unos a otros en estas palabras."
1 Tesalonicenses 4:15-18 (Énfasis es mío)

3- <u>LA TROMPETA FINAL O EL RAPTO, SEGÚN JUAN</u>

A- *"Pero en los días de la voz del séptimo ángel, cuando el comenzare a tocar la trompeta, el misterio de Dios (Cristo y su Iglesia Efesios 5:32) será consumado, como él lo anuncio a sus siervos los profetas." Apocalipsis 10:7* (Énfasis agregado)

B- *"Y mire, y he aquí una nube blanca; y sobre la nube uno sentado semejante al Hijo del hombre, que tenía en su cabeza una corona de oro, y en su mano una hoz aguda. Y otro <u>ángel</u> salió del temple, <u>clamando en alta voz</u> al que estaba sentado sobre la nube: mete tu hoz, y siega; porque la hora de segar te es venida, porque la mies de la tierra está Madura. Y el que estaba sentado sobre la nube echo su hoz sobre la tierra, y la tierra fue segada." Apocalipsis 14:14-16* (Énfasis es mío).

Así que, a medida que observamos estos pasajes de las escrituras, sobre todo ésta última de Juan, llegamos a la conclusión de que el rapto de la iglesia se produce, no en el principio de *Apocalipsis* capítulo 4, como algunos erróneamente lo enseñan, sino hacia la mitad del libro, en el capítulo 14. Partir de este momento, se ve a la iglesia en el capítulo 15, regocijándose en el cielo, por haber superado la bestia, la marca y su moderno sistema babilónico.

He aquí una maravillosa escena de este capítulo, *"Y vi, así como un mar de vidrio mezclado con fuego; y los que habían alcanzado la victoria de la bestia, y de su imagen, y de su señal. Y del número de su nombre estar sobre el mar de vidrio, teniendo las <u>arpas</u> de Dios. Y cantan el cantico de Moisés siervo de Dios, y el cantico del Cordero, diciendo: Grandes y maravillosas son tus obras, Señor Dios Todopoderoso; justos y verdaderos son tus caminos, Rey de los santos. ¿Quién no te temerá, oh Señor, y engrandecerá tu nombre? Porque tu solo eres santo; por lo cual todas las naciones vendrán y adoraran delatante de ti porque tus juicios son manifestados." Apocalipsis 15:2-4 ¡Aleluya y Amen!*

LAS ULTIMAS 7 PLAGAS

CAPITULO 7
Descifrando el sexto sello

Apocalipsis 6:12-17

"Y mire cuando el abrió el sexo sello, y he aquí fue hecho un gran terremoto; y el sol se puso negro como un saco de cilicio, y la luna se puso toda como sangre; y las estrellas del cielo cayeron sobre la tierra, y como la higuera echa sus higos cuando es movida de gran viento. Y el cielo se apartó como un libro que es envuelto; y todo monte y las islas fueron movidas de sus lugares. Y los reyes de la tierra, y los príncipes, y los ricos, y los capitanes, y los Fuertes, y todo siervo y todo libre, se escondieron en las cuevas y entre las peñas de los montes; Y decían a los montes y a las peñas: Caed sobre nosotros, y escondednos de la cara de aquel que está sentado sobre el trono, y de la ira del Cordero: Porque el gran día de su ira es venido; ¿Y quién podrá estar firme?"

Este sello final de juicio representa el terrible "Día del Señor" (*Isaías 13:6-13*) y la plenitud de la ira de Dios. Los juicios de este horrible sello y los acontecimientos drásticos que proceden de él van a causar tremendo temor, horror, y terror, para el resto de los habitantes pecadores sin arrepentimiento de esta tierra. Los tiempos de los gentiles para ser salvos, serán cumplidos, cuando el arrebatamiento de los santos ocurra. (*Romanos 11:11, 12, 25*). Olvídese de esa falsa creencia de que los cristianos sean dejados atrás después del rapto. O participas en esa primera resurrección-rapto o considérate condenado para toda la eternidad; *Apocalipsis 20:6 "Bienaventurado y santo el que tiene parte en la primera resurrección;*

la segunda muerte no tiene <u>*potestad*</u> *en estos; antes serán sacerdotes de Dios y de Cristo, y reinarán en el mil años.*

Así, como ya he mencionado en mi explicación del quinto sello, la gloriosa segunda venida de Cristo, tendrá un doble efecto sobre la gente de este mundo. ¡Para los santos sobrevivientes, será un gran momento de alegría! Los santos sabrán que el día de su partida finalmente ha llegado, pero para los restantes malos. ¡Será el terror de los terrores!

El aterrador efecto de la aparición de Cristo viniendo en las nubes, hará que muchos tengan pánico en el miedo y corran a las cuevas y las montañas (bases ocultas), para ocultarse de Él. (*Isaías 2:17-22*). Pero Jesús dijo a los discípulos, en su discurso de los olivares, que no escaparan; *Lucas 21:32-35 "De cierto os digo, que no pasara esta generación hasta que todo sea hecho. El cielo y la tierra pasaran; mas mis palabras no pasaran. Y mirad por vosotros, que vuestros corazones no sean cargados de glotonería y embriaguez, y de los cuidados de esta vida, y venga de repente sobre vosotros aquel día.* <u>*Porque como un lazo vendrá sobre todos los que habitan sobre la faz de toda la tierra.*</u>*"* (Énfasis es mío). ¡Ahora el mundo vera y temerá el asombroso poder de Dios Todopoderoso!

LAS ÚLTIMAS SIETE PLAGAS DEL JUICIO

Empezando con el *Apocalipsis* capítulo 15 versículos 5-8 y continuando hasta el capítulo 16, contemplamos a siete ángeles con siete copas de oro, **llenas de la ira de Dios**. La siguiente lista le dará una breve descripción de lo que son estas siete copas de oro o plagas.

Primera plaga:	Ulcera maligna sobre la raza humana –	*Apocalipsis*	*16:1, 2*
Segunda plaga:	El mar se convierte como en sangre -	"	*16:3*
Tercera plaga:	Los ríos se convierten en sangre -	"	*16:4-7*
Cuarta plaga:	El sol quema a la humanidad -	"	*16:8, 9*
Quinta plaga:	Tinieblas sobre el dominio de la bestia -	"	*16:10, 11*
Sexto plaga:	La batalla final del Armagedón-	"	*16:12-16*

Esta batalla final del Armagedón, la cual llamo la guerra de guerras, necesita alguna explicación. Necesitamos observar algunos acontecimientos anteriores que llevarán a esta batalla final. Estos eventos ocurrirán durante el segundo segmento de tres años y medio.

Para comenzar, en el rapto de la Iglesia, que significa el cumplimiento de la salvación de los gentiles, Dios reanudara sus tratos exclusivamente con el pueblo judío que ha regresado a la tierra de Palestina. Más específicamente, El tratara con los judíos ortodoxos en particular. Los judíos seculares y liberales ya habrán dado su lealtad a este falso Mesías (Anticristo), tomando su marca en sus frentes y manos derechas, *Apocalipsis 13:16.*

Una vez que el Mesías falso (Anticristo) manifieste sus verdaderos colores de engaño, los judíos ortodoxos finalmente se darán cuenta de que han sido engañados, todo el tiempo. Sus ojos se abrirán cuando contemplen a esta diabólica bestia, profanar su Templo moderno reconstruido y por su proclamación de ser superior a su Dios; *Daniel 9:27; 12:11; Mateo 24:15* and *2 Tesalonicenses 2:3, 4.*

Es durante este tiempo que Dios enviara sobrenaturalmente a la tierra Sus dos olivos (también conocidos como testigos y profetas) estos dos individuos probablemente serán Moisés y Elías. La razón por que digo esto es porque son vistos juntos en el 'monte de transfiguración', hablando con Cristo acerca de su muerte; *Lucas 9:28-36.*

Además, estos dos individuos son altamente respetados y honrado entre los judíos ortodoxos. Eso es porque Moisés representa la letra de su Ley y Elías, el espíritu de su Ley, como el profeta de los profetas.

Su misión y ministerio en la tierra se centrará exclusivamente en el pueblo judío, en la tierra de Palestina. Solo a estos judíos ortodoxos engañados se les dará una oportunidad por Dios, de arrepentirse y descubrir al verdadero Mesías, Jesucristo el Hijo del Dios Viviente; *Mateo 16:13-18.* De acuerdo a *Apocalipsis 11:1-13*, un remanente de estos judíos ortodoxos se convertirá, como resultado de su profecía.

Una vez que estos dos testigos terminen su testimonio, el Anticristo podrá matarlos. El los mata porque estos dos profetas, a través de su predicación, lo han atormentado a él y a los habitantes de este mundo. Un signo de un verdadero profeta o profetisa es el tipo de mensaje que proclaman. ¿El mensaje perturba y atormenta a la gente en su condición pecaminosa? ¿O el mensaje complace, cosquillea y permita que los pecadores permanezcan en su condición perdida, como los mensajes de los falsos profetas?

El Anticristo entonces reunirá a los ejércitos del mundo para aniquilar totalmente y borrar a Israel y al remanente de la faz de esta tierra, en la batalla de Armagedón; *Apocalipsis 16:12-14, 16.* Es en este tiempo que Cristo regresa a esta tierra con los ejércitos del cielo para rescatar al remanente, derrotar al Anticristo con sus ejércitos que fueron lavado el cerebro y finalmente establecer su Reino terrenal; *Apocalipsis 17:11-14; 19:11-21.*

Séptima plaga: Un gran terremoto, la condena del sistema moderno Babilónico y una gran tormenta de granizo – *16:17-21*

Los detalles finales de la destrucción de este moderno sistema babilónico nos son dados en capítulos *17, 18,* y parte del capítulo *19:11-21.* Leyendo estos capítulos, uno descubrirá que este moderno sistema babilónico es satánico en su origen. Este es el sistema satánico que manipula y conduce a las naciones detrás de las escenas. Las naciones y pueblos de esta tierra no se dan cuenta de que están siendo jugados por una fuerza demoniaca invisible organizada. El apóstol Pablo describe este sistema satánico como el "ministerio de la iniquidad" (*2 Tesalonicenses 2:7*).

Este misterio de iniquidad ha estado con nosotros, desde el principio de los tiempos. Primero se manifestó en el Jardín del Edén, cuando engaño a Eva y la hizo pecar. Eventualmente también hizo pecar a Adán. Luego manifestó su fea cabeza otra vez cuando causo que Caín asesinara (matara) a su hermano, Abel. Y finalmente, este misterio de iniquidad envolvió todo el mundo conocido. Su corrupción se extendió por todo el mundo hasta el punto de que Dios tuvo que destruirla finalmente, con el diluvio (Inundación).

Ahora, otra vez vemos al Anticristo, Anti-Dios, Anti-Familia, Anti-Espíritu de Iglesia, operando en plena fuerza, por este sistema moderno Babilónico. ¿Que en realidad es este sistema? ¿Porque deberíamos de estar preocupados por él?

Esta llamada Babilonia moderno, como Juan lo vio, es básicamente un sistema religioso, filosófico, político, económico, militar, y totalitario que Satanás ha establecido. El enemigo tiene seis mil años de experiencia, tratando con la raza humana. Este sistema no es nada nuevo para él. Intento esto una vez en el pasado usando Nemrod (El primer Anticristo) y la torre de Babel, para establecer su orden mundial, en oposición a la voluntad de Dios. ¡Pero Dios lo interrumpió! Léalo por usted mismo en *Génesis 11*.

El sistema moderno que se está implementando hoy se llama el Nuevo Orden Mundial. Juan fue capaz de ver este sistema futuro de lo que realmente es y lo comparo con la antigua Babilonia. Este moderno sistema babilónico preparara el escenario para la manifestación del último Anticristo. Utilizará este sistema totalitario para esclavizar y controlar a las naciones y pueblos de este mundo. Este sistema impío y humanista eventualmente también se enfrentará al juicio destructivo de Dios, de acuerdo con esta séptima plaga. Esta es la razón por la cual necesitamos estar preocupados.

Deberíamos preocuparnos por estar tan enredados con este sistema, hasta el punto de que no podremos liberarnos de ella. Recuerde que estamos en el mundo, pero no una parte de él. Este mundo no es nuestro hogar final, pero como extraños y peregrinos estamos de paso. Nuestra última casa que nos espera es una gloriosa cuidad dorada llamada la "Nueva Jerusalén" preparada por nuestro señor Jesucristo, *"No se turbe vuestro corazón: creéis en Dios, creed también en mí. En la casa de mi Padre muchas moradas hay: de otra manera os lo hubiera dicho: voy, pues, a preparar lugar para vosotros. Y si me fuere, y os aparejare lugar, vendré* otra vez*, y os tomare a mí mismo: para que donde yo estoy, vosotros también estéis." Juan 14:1-3* y también, *Apocalipsis 21:1, 2 "Y vi un cielo Nuevo, y una tierra nueva: porque el primer cielo y la primera tierra se fueron, y el mar ya no es. Y yo Juan vi la santa ciudad, Jerusalén nueva, que descendía del cielo, de Dios dispuesta como una esposa ataviada para su marido."*

¿Porque deberíamos seguir preocupados por la moderna Babilonia? Porque este moderno sistema babilónico de oscuridad total y su principal ciudad pagana va a experimentar la plenitud de la ira de Dios. Pero antes de derramar su furia sobre los pecados de este sistema satánico y su ciudad Babilónica, El llamara a Su pueblo fuera de ella; *Apocalipsis 18:1-6 "Y después de estas cosas vi otro ángel descender del cielo teniendo grande* potencia*; y la tierra fue alumbrada de su Gloria. Y clamo con Fortaleza en alta voz, diciendo: Caída es, caída es la grande Babilonia, y es hecha habitación de demonios, y guarida de todo espíritu inmundo,* *y albergue de todas aves sucias y aborrecibles. Porque todas las gentes han bebido del vino del furor de su fornicación; y los reyes de la tierra han fornicado con ella, y los mercaderes de la tierra se han enriquecido de la potencia de sus deleites. Y oí otra voz del cielo, que decía: <u>Salid de ella, pueblo mío</u>, porque no seáis participantes de sus pecados, y no recibáis de sus plagas; Porque sus pecados han llegado hasta el cielo, y Dios se ha acordado de sus maldades. <u>Tornadle a dar</u> como ella os ha dado, y pagadle al doble según sus obras; en el cáliz que ella os dio a beber, y dadle a beber doblado.* (Énfasis es mío).

El llamado que ha estado sobre esta 'Era de la Iglesia' por aproximadamente dos mil años ha sido este llamado a salir de los sistemas babilónicos del mundo. Este llamado a salir se hará más intenso, cuanto más nos acercamos a la venida de nuestro Señor. Aunque Babilonia se compone de muchos sistemas diferentes, todos trabajando juntos, como la política, las filosofías, las economías, etc., el escenario principal que debe preocuparnos, debe ser la zona de la religión.

Esta Babilonia de una religión mundial, que mencione anteriormente en el capítulo 6, tendrá una iglesia mundial babilónica. Esta Iglesia falsa es descrita en *Apocalipsis Capítulos 17 &18*, como una ramera y prostituta decorada. La razón por la que se describe de esta manera es porque adultera (a través de sus tradiciones hechas por el hombre) la pureza de la Palabra de Dios y fornica con los sistemas de este mundo. La gente de este mundo se emborracha y también son engañados por el vino de la ira de su fornicación. Este sistema religioso consistirá de todas las religiones mayores y menores del mundo. Incluso algunos católicos romanos, ortodoxos orientales, denominaciones principales protestantes, evangélicos, clásico pentecostal, y grupos carismáticos, y otras organizaciones religiosas apostatas y cultos, se unirán (movimiento ecuménico) para formar este súper sistema religioso falso

Esta falsa supuesta súper Iglesia será responsable de la persecución y el martirio (Inquisición Moderna) de la verdadera Iglesia de Dios y Santos. Pero Dios eventualmente vengara la sangre se Sus siervos, destruyendo esta falsa entidad religiosa. Este sistema de religión se encamina hacia la perdición y la destrucción; *Apocalipsis 17:16-18 "Y los diez cuernos que viste en la bestia, estos aborrecerán a la ramera, y la harán desolada y desnuda: y comerán sus carnes, y la quemara con fuego: Porque*

Dios ha puesto en sus corazones ejecutar lo que le plugo, y el ponerse de acuerdo, y dar su reino a la bestia, hasta que sean cumplidas las palabras de Dios. Y la mujer que has visto, es la grande ciudad que tiene reino sobre los reyes de la tierra." Leer también ***Apocalipsis 18:7-24.***

Ahora bien, si Juan, en su visión del futuro, se refería a la destrucción de esta cuidad babilónica, a la Ciudad del Vaticano o a alguna otra ciudad importante, no puedo decir, en este momento. Pero tenga la seguridad de que cualquiera que sea la ciudad a la que se refiere, tendría que ser una ciudad que tenga primero, un largo historial de persecución y muerte de los apóstoles, profetas y santos de Dios. En segundo lugar, tendría que ser una ciudad que tenga acceso a las Sagradas Escrituras, donde todavía se puede oír la voz del Novio y la voz de la Novia, en ella. Y finalmente, tendría que ser una ciudad que use brujería (Encantamientos ceremoniales) para seducir, hechizar e hipnotizar a sus ciudadanos (seguidores). Voy a dejar que usted descubra esa por usted mismo.

<u>¡Así que Santos, por favor escuchen el **Llamado** de Dios y **Salgan** de Ella!</u>

Empieza a salir de ella, políticamente;

Empieza a salir de ella, filosóficamente;

Empieza a salir de ella, culturalmente;

Empieza a salir de ella, comercialmente;

Empieza a salir de ella, económicamente;

Empieza a salir de ella, militarmente;

¡Pero más importante, empieza a salir de ella, religiosamente!

Por lo tanto, tu y yo debemos salir de este sistema babilónico, no dejando el planeta tierra, sino saliendo de el en nuestro Corazón, alma y mente. Por favor, miren estos pasajes de las escrituras; *1 Juan 2: 15-17; "No améis al mundo, ni las cosas que están en el mundo. Si alguno ama al mundo, el amor del Padre no está en él. Porque todo lo que hay en el mundo, la concupiscencia de la carne, y la concupiscencia de los ojos, y la soberbia de la vida, no es del Padre, mas es del mundo. Y el mundo se pasa, y su concupiscencia; mas el que hace la voluntad de Dios, permanece para siempre."*

James 4:4 "Adúlteros y adulteras, ¿no sabéis que la amistad del mundo es enemistad con Dios? Cualquiera pues que quisiere ser amigo del mundo, se constituye enemigo de Dios."

2 Corintios 6:14-18 "No os juntéis en yugo con los infieles: porque ¿qué compañía tienes la justicia con la injusticia? ¿Y qué comunión la luz con las tinieblas?

¿Y qué concordia Cristo con Belial? ¿O que parte el fiel con el infiel? ¿Y qué concierto el templo de Dios con los ídolos? Porque vosotros sois el templo del Dios viviente, como Dios dijo: Habitare y andaré en ellos; y seré el Dios de ellos, y ellos serán mi pueblo. Por lo cual **Salid de en medio de ellos**, *y apartaos,* **dice** *el Señor, y no toquéis lo inmundo; y yo os recibiré, Y seré a vosotros Padre, y vosotros me seréis a mi hijos e hijas, dice el Señor Todopoderoso.";* Mateo 6:19-21 *"No os hagáis tesoros en la tierra, donde la polilla y el orín corrompe, y donde ladronas minan y hurtan; Mas haceos tesoros en el cielo, donde ni polilla ni orín corrompe, y donde ladrones no minan ni hurtan:* **Porque donde estuviere vuestro tesoro, allí estará vuestro Corazón.";**

Colosenses 3:1-3 "Si habéis pues resucitado con Cristo, buscad las cosas de arriba, donde esta Cristo sentado a la diestra de Dios. Poned la **mira** *en las* **cosas de arriba,** *no en las de la tierra. Porque muertos sois, y* **vuestra** *vida está escondida con Cristo en Dios.* (Énfasis es mío).

Ahora, obviamente, si somos llamados a salir de este falso sistema religioso (Iglesia) entonces tendremos que entrar y convertirnos en parte de otra entidad. El llamado de Dios para nosotros hoy es unirnos con la verdadera Iglesia de Dios. Uno de los propósitos principales para el primer advenimiento de Cristo a esta tierra fue para el construir Su Iglesia Orgánica (carne y sangre) y luego, morir por ella; *Hechos 20:28 "Por tanto mirad por vosotros y por todo el rebaño en que el Espíritu Santo os ha puesto por obispos, para apacentar la iglesia del Señor, la cual gano por su sangre."* Primero construyo el núcleo de esta Iglesia, escogiendo a duodécimo de Sus discípulos cerrados de la compañía de discípulos, a quienes El nombro después, apóstoles (*Lucas 6:12-17*).

Luego comparo este núcleo de apóstoles, a un rebaño de ovejas. Un rebaño que eventualmente usaría para reunir a todas sus verdaderas ovejas (Santos). ¿Cómo sabrán las ovejas verdaderas dónde se encuentra este rebano hoy? Ellos sabrán escuchando y siguiendo la voz del verdadero Pastor. No la voz de un extraño, sino una voz familiar. Si, una voz que sería suave, pero poderosa y llena de verdad. *Juan 10:2-5, 14-16; "Mas el que entra por la puerta, el pastor de las ovejas es. A este abre el portero, y las ovejas oyen su voz: y a sus ovejas llama por nombre, y las saca. Y como ha sacado fuera todas las propias, va delante de ellas; y las ovejas le siguen, porque conocen su voz. Más al extraño no seguirán, antes huirán de el: porque no conocen la voz de los extraños." Y" Yo soy el buen pastor; y conozco mis ovejas, y las mías me conocen. Como el Padre me conoce, y yo conozco al Padre; y pongo mi vida por las ovejas. También tengo otras ovejas que no son de este redil; aquellas también me conviene traer, y oirán mi voz; y habrá un rebaño, y un pastor."* (Énfasis es mío.).

Además, cuando Jesús fue interrogado por Poncio Pilato (un procurador romano), El hizo una última defensa para la verdad. Vamos a leer esta interesante conversación que siguió, entre ellos dos. *Juan 18:33-38, "Así que, Pilato volvió a entrar en el pretorio, y llamo a Jesús, y dijole: ¿Eres tú el Rey de los Judíos? Respondiole Jesús: ¿Dices tú esto de ti mismo, o te lo han dicho otros de mí? Pilato respondió: ¿Soy yo judío? Tu gente, y los pontífices, te han entregado a mí: ¿Qué has hecho? Respondió Jesús: mi reino no es de este mundo: si de este mundo fuera mi reino, mis servidores pelearían para que yo no fuera entregado a los Judíos: ahora, pues, mi reino no es de aquí. Dijole entonces Pilato: ¿Luego rey eres tú? Respondió Jesús: Tú dices que yo soy rey. Yo para esto he nacido, y para esto he venido al mundo, para dar testimonio a la verdad. Todo aquel que es de la verdad, oye mi voz. Dicele Pilato: ¿Qué cosa es verdad? Y como hubo dicho esto, salió otra vez a los judíos, y diceles: Yo no hallo en el ningún crimen." (Énfasis es mío)*

Note que, hacia el final de esta conversación, Pilato formula la pregunta a Cristo, *"… ¿Qué cosa es verdad?" Juan 18: 38a.* La respuesta que recibe de Cristo fue silencio total. Este inteligente procurador romano no se dio cuenta de que la verdad estaba justo delante de su propia cara. ¡Porque Cristo es la personificación de la verdad! *Juan 1:1, 14; "En el principio era el Verbo, y el Verbo era con Dios, y el Verbo era Dios. Y aquel Verbo fue hecho carne, y habito entre nosotros (y vimos su Gloria, Gloria como del unigénito del Padre), lleno de gracia y de verdad."*

El mismo Jesús declaro enfática, categórica e inequívocamente que Él es, *"………el camino, y la verdad, y la vida: nadie viene al Padre, sino por mí." Juan 14:6.* Solo esta afirmación de la verdad nos debe recordar que fue este evangelio de la verdad lo que nos salvó (*Efesios 1:13*). Luego pasamos a una posterior experiencia de santificación por la misma verdad (*2 Tesalonicenses 2:13*). Y finalmente, fuimos espiritualmente bautizados por Cristo, con el Espíritu de verdad (*Juan 16:13*).

Cristo que es la Verdad viviente, finalmente comprometió sus oráculos de la verdad, a la Iglesia que estableció. La Iglesia es ahora el custodio de esta verdad escrita. Pablo el apóstol, describe a este custodio en estos términos, *"Y si no fuere tan presto, para que sepas como te conviene conversar en la casa de Dios, que es la Iglesia del Dios vivo, columna y apoyo de la verdad." 1 Timoteo 3:15.*

Y aunque la Iglesia es la columna y apoyo de la verdad, ella no produce esta verdad, sino que la guarda, la protege y la muestra (*Juan 17:6, 8*).

La verdad que la Iglesia es responsable de guardar y proteger es el Canon entero de la Biblia (Sagrada Escrituras), que consiste en Antiguos y Nuevos Testamentos o Pactos. Durante esta era en la que ahora vivimos, conocida como la dispensación de la gracia, está especialmente comprometida con el Nuevo Testamento. Todos los miembros que se han convertido en parte de la verdadera Iglesia de Dios han hecho una afirmación o declaración verbal (Pacto) para mantener fielmente los términos de esta Nueva Alianza (*2 Corintios 11:2, 3*). Así como Eva fue engañada por Satanás para abandonar la verdad, así que la advertencia de Pablo a esa Iglesia local y a nosotros es, no caigan en el espíritu de apostasía (*2 Tesalonicenses 2:3*).

Busquen los compañerismos y los rebaños (Iglesias) que no han puesto en peligro la Palabra de Dios, pero todavía están comprometidos con la verdad, con toda la verdad y nada más que la verdad. Cristo dio a Sus discípulos esta promesa, la cual sigue siendo relevante para nosotros hoy encontrada en, *Lucas 11:9, 10 "Y yo os digo: Pedid, y se os dará; buscad, y hallareis; llamad, y os será abierto.*

Porque todo aquel que pide, recibe; y el que busca, halla; y al que llama, se abre." No estoy defendiendo que nadie se una a la actual organización religiosa a la que pertenezco o cualquier otra denominación Pentecostal en particular, porque todos han sido manchados en un grado u otro, por Babilonia. Lo que estoy abogando es que encuentren una Iglesia que esta desesperadamente tratando de liberarse de este sistema babilónico y de ser totalmente restaurada al **Nuevo Patrón de Vida del Nuevo Testamento**. Ruegue fervientemente con todo su corazón a Dios y él lo guiara misericordiosamente hacia un paraíso (Rebaño) de verdad. ¡Alabado sea el Señor!

CAPITULO 8

Descifrando el séptimo sello

Apocalipsis 8:1
"Y cuando el abrió el séptimo sello, fue hecho silencio en el cielo casi por media hora."

Por fin llegamos al Séptimo Sello, que es el último sello en esta serie. Este sello es especialmente único entre todos los otros sellos, porque no es un sello que represente el Juicio, más bien paz y descanso. Este sello es simplemente descrito por este versículo de la Escritura. No nos da mucha información para elaborar, por lo que cualquiera que intente exponer este versículo, solo puede especular. Lo que destaca en este sello en particular es el número siete. Y si usted puede recordar, he mencionado en mi introducción que este número siete básicamente representa la perfección, la terminación, y puedo ahora añadir, descanso.

Mi opinión personal y especulación es que el Séptimo Sello representa el periodo de mil años llamado el Milenio. ¿Por qué creo que esto es lo que representa? En *Génesis 2:2, 3; leemos, "Y acabo Dios en el día séptimo su obra que hizo, y reposo el día séptimo de toda su obra que había hecho.*

Y bendijo Dios al día séptimo, y <u>santifícalo</u>, porque en el reposo de toda su obra que había Dios criado y hecho." El apóstol Pedro nos dice que, *"Mas, oh amados, no ignoréis esta una cosa: que un día delante de Señor es como mil años y mil años como un día." 2 Pedro 3:8.* Leemos en *Génesis* que Dios santifico el séptimo día y lo hizo un día de descanso. Y como un día según Pedro, es considerado mil años para el Señor, entonces fácilmente podemos concluir que este Séptimo Sello representa el descanso milenario y el reinado del Príncipe de la Paz, Jesucristo.

Dios ha estado trabajando Su plan de redención y lidiando con la raza humana por aproximadamente seis mil años. Contrariamente a los que creen en la teoría de la evolución, el hombre solo ha existido por unos pocos miles y no millones de años. Una vez que Cristo termine Su obra de juzgar con plagas, entonces El regresará a la tierra y establecerá su Reino milenario; *Apocalipsis 16:17 "Y el séptimo ángel derramo su copa por el aire; y salió una grande voz del temple del cielo, del trono, diciendo: Hecho es."*

Mientras leemos y comenzamos a contemplar este versículo, contemplar este versículo, observamos que Juan dice que va a haber silencio en el cielo, por media hora. ¿Qué significa ese silencio? Una vez más, solo estoy especulando, pero creo que significa lo siguiente. La razón por la que había silencio en el cielo, según un ministro que escuche dijo en broma, que era porque todas las mujeres volverán con Cristo, de regreso a la tierra. ¡Ja, ja, ja, el solamente bromeaba por supuesto! Esa no es definitivamente la razón del silencio en el cielo. No habrá santos femeninos ni masculinos, solo santos en el cielo.

Creo que la respuesta a esta pregunta se puede encontrar en las palabras del mismo Cristo. Jesús declaro explícitamente a sus discípulos que cuando regrese a la tierra, vendrá con todos sus santos ángeles; *Mateo 25:31 "Y cuando el Hijo del hombre venga en su gloria, y todos los santos ángeles con él, entonces se Sentara sobre el trono de su Gloria:"* Sabemos que una de las principales actividades de estos santos ángeles que habitan en el cielo, además de ser mensajeros y guerreros, es adorar y alabar a su Creador Bendito. Están constantemente haciendo esto, día y noche. Así que obviamente, cuando dejen el cielo con Cristo temporalmente, entonces y solo entonces el cielo estará en silencio. Ahí es cuando el silencio entra en escena.

La media hora, por largo que sea, de acuerdo con la tabla de tiempo de Dios, será suficiente para establecer el reino de Cristo. Además, sabemos que no solo los santos ángeles regresan con Cristo, sino también su Novia. Esta Novia consistirá solo de aquellos santos que fueron llamados, escogidos y fieles, aquí en la tierra (*Apocalipsis 17:14*). La Novia (Iglesia) será asistida por estos santos ángeles, en el establecimiento del reino terrenal milenario de Cristo.

Una vez que esta terea se haya completado, entonces estos santos ángeles serán liberados para regresar al cielo y romper ese silencio, mientras reanudan su ministerio de alabanza y adoración. La Iglesias (Esposa, Reyna) permanecerá aquí en la tierra para reinar con Cristo (Esposo, Rey) y para celebrar su milenaria santa luna de miel. *(Apocalipsis 20:4-6)*. ¡Aleluya y Amen!

Lo que sigue a es un breve resumen de algunas de las cosas maravillosas que tendrán lugar, durante este tiempo de mil años de descanso y paz:

1- La actual ciudad de Jerusalén será la Sede de Cristo; *Isaías 2:1-3; Zacarías 14:4.*

2- No más armas de guerra; *Isaías 2:4*

3- Paz entre el reino animal; *Isaías 11:6-9*

4- La gente vivirá por mucho tiempo; *Isaías 65:17-25*

CONCLUSIÓN

Los capítulos restantes del libro de *Apocalipsis* revelan el estado eterno de los santos redimidos. Sobre todo, revela una Ciudad gloriosa llamada "la Nueva Jerusalén", que ha sido preparado a propósito por Dios, para sus siervos fieles que han superado. ¡Espero estar allí algún día!

Sin embargo, confío en que estas claves de iluminación, que he compartido a lo largo de este libro, hayan ayudado a descifrar su comprensión de los *Siete Sellos*. El conocimiento que ha adquirido de la lectura de estas páginas debe fomentar y motivarlo a prepararse para lo que viene adelante. De hecho, son tiempos interesantes, así como peligrosos los que estamos viviendo.

Por favor, comprenda que todos los que viven durante la revelación de estos *Siete Sellos* sufrirán a un grado u otro. No puedo enfatizar esto lo suficiente, pero tanto Santos y pecadores sufrirán juntos el primero, segundo, tercero y cuarto sellos. Los sufrimientos del quinto sello, estarán exclusivamente reservados para los Santos. Además, los sufrimientos del sexto sello, estarán reservados para los pecadores que han rechazado el amor de la verdad.

La decisión que tome el día de hoy, determinará en qué sufrimiento participará. Sufrir la ira del Anticristo, al rechazar su sistema babilónico satánico o sufrir la ira de Dios Todopoderoso, adoptando el sistema del Anticristo. ¡La elección la tomará usted!

Por último, mi motivo por escribir este libro no es para ganar algún reconocimiento o popularidad. Por el mensaje contenido en este libro es evidente que no es popular. Mi motivo principal es de entregar la carga que Dios puso en mi corazón; una carga que involucra advertencia y amonestar a Su pueblo de estos futuros eventos. Si una o dos o unos cuantos santos han sido ayudados por esta información de alguna manera, entonces se habrá cumplido mi alegría y mi trabajo.

Ahora los dejo con las palabras de un valiente guerrero con el nombre de Josué; *"Ahora pues, temed a JEHOVA, y servidle con <u>integridad</u> y en verdad; y quitad de en medio los dioses a los cuales sirvieron vuestros padres de esa otra parte del rio, y en Egipto; y servid a JEHOVA. Y si mal os parece servir a Jehová, escogeos hoy a quien sirváis; si a los dioses a quienes sirvieron vuestros padres, cuando estuvieron de esa otra parte del rio, o a los dioses de los Amorreos en cuya tierra habitáis: que yo y mi casa serviremos a JEHOVA." Josué 24:14, 15.*

The Seven Seals

Chart by. Douglas Cruz, 2013

The First Seal
Rev. 6:2

The Second Seal
Rev. 6:3-4

The Third Seal
Rev. 6:5-6

The Fourth Seal
Rev. 6:7-8

ANTICHRIST
- Dan. 7-12
- 2 Thess. 2:1-12
- Rev. 13

6th TRUMPET
- Rev. 9:13-19
- Luke 21:9-10
- 1 Thess. 5:1-3

1st, 2nd & 3rd TRUMPETS
- Rev. 8:7
- Rev. 8:8-9
- Rev. 8:10-11

4th, 5th & 6th TRUMPETS
- Rev. 8:12-13
- Rev. 9:1-12
- Rev. 9:13-19

The Fifth Seal
Rev. 6:9-11

The Sixth Seal
Rev. 6:12-17

The Seventh Seal
Rev. 8:1

7th TRUMPET
- Rev. 10:7; 11:14-18
- Rev. 13:11-18; 20:4

FINAL 7 PLAGUES
- Rev. 15:5-8
- Rev. 16-19

THE MILLENNIUM
- Rev. 17:14; 19:11-21
- Rev. 20:5-6

ACERCA DEL AUTHOR

Douglas Cruz es un nativo de la Cuidad de Nueva York (El Barrio). Sus padres emigraron ahí de la isla de Puerto Rico durante los 1940's. Douglas nació el 22 de septiembre de 1955.

Fue convertido en noviembre de 1973 y se unió a la iglesia de Dios de la Profecía en el verano de 1976. El contesto el llamado a predicas y fue licenciado como evangelista en 1985 y ordenado obispo en 1992.

El hermano Cruz ha servido a la Iglesia en varias capacidades. Sus pastores incluyes: Bruselas, Bélgica 1986-89, Yuma, Arizona 1990-92, Parump (congregación Hispana) and Las Vegas (Congregación Inglesa) Nevada 1992-93. Organizo la Iglesia local bilingüe que antes pastoreaba en Fresno, California 1994.

Se desempeñó como líder nacional de Bélgica en 1986-88. Desde 1992 ha sido supervisor de distrito y pastor. También ha dirigido Campos Familiares en el estado de California desde 2001.

El Hermano Cruz asistió y se graduó del Instituto de Entrenamiento Bíblico, Cleveland, Tennessee. También asistió a Arizona Western College. Ha servido en las Fuerzas Armadas de los Estados Unidos (Rama de la Fuerza Área) de 1983-88. Se considera un fabricante de tiendas como el apóstol Pablo trabajando como chofer de autobús escolar en uno de los distritos escolares de California.

Se casó con la ex Debra Ochoa en Anchorage, Alaska y tiene una hija, Melissa. La familia Cruz actualmente reside en Tucson, Arizona. Él puede ser contacto por los siguiente correo electrónicos dcruz77@sbcglobal.net o douglascruz77@yahoo.com

Printed in the United States
By Bookmasters